心理亮相

尚宗奎 罗云 著

教育孩子应该懂的心理学

北方文艺出版社

·哈尔滨·

图书在版编目（ＣＩＰ）数据

心理亮相：教育孩子应该懂的心理学 / 尚宗奎，罗云著. -- 哈尔滨：北方文艺出版版社，2023.8

ISBN 978-7-5317-5950-8

Ⅰ . ①心… Ⅱ . ①尚… ②罗… Ⅲ . ①教育心理学 Ⅳ . ① G44

中国国家版本馆 CIP 数据核字 (2023) 第 113475 号

心 理 亮 相 : 教 育 孩 子 应 该 懂 的 心 理 学

XINLI LIANGXIANG: JIAOYU HAIZI YINGGAI DONGDE XINLIXUE

作　　者 / 尚宗奎 罗 云

责任编辑 / 滕 蕾　　　　　　　　装帧设计 / 树上微出版

出版发行 / 北方文艺出版社　　　　邮　编 150008

发行电话 /（ 0451) 86825533　　　经　销 / 新华书店

地　　址 / 哈尔滨市南岗区宣庆小区 1 号楼　网　址 / www.bfwy.com

印　　刷 / 武汉市卓源印务有限公司　　开　本 / 880×1230　1/32

字　　数 /191 千　　　　　　　　　印　张 / 8

版　　次 /2023 年 8 月第 1 版　　　　印　次 / 2023 年 8 月第 1 次印刷

书　　号 / ISBN 978-7-5317-5950-8　　定　价 / 58.00 元

序 一

党立杰

尚宗奎，郧阳区退休教师，任乡村教师达41年。退休后，致力于家庭教育的研究与写作，出版了两本教育专著。一本是《唤醒孩子的人格自信》，主要解决语言暴力给孩子带来的伤害问题；另一本是《心理亮相：教育孩子应懂的心理学》，主要解决心理健康教育的缺失给孩子带来的伤害问题。这两本书均可以视为教育孩子成长的说明书。

"教育的最大危险是不懂心理学的人教育人，使得孩子不能成为期待的样子。如果懂得心理学，才能培养有模有样的孩子。只有做到有知有觉的心理健康教育，才会换来孩子不知不觉的行为改变"。尚宗奎在文中说。

亮相一词，源于戏曲表演中塑造人物形象的一种手段，指剧中人物上场、下场或者一节舞蹈动作完毕后，一个短暂中所做的富有雕塑感的艺术造型，用以集中而鲜明地突出人物当时的精神状态。比喻公开表态，亮明观点。

《心理亮相：教育孩子应懂的心理学》针对当前心理健康教育的缺失这一问题，提供了大量的理论、技巧和实践，提出了心理亮相的思想，为教育者提供了实践经验和指导，点燃了人们思维的火花。因为，渴望好的教育，走进孩子的内心世界，这是现今社会人们的共同愿望。

该书读来发人深省或催人奋进，或给人感动，或给人警示。

例如，第二课"思维是人类最美的花朵"。分九部分内容做了解读：一认知思维，二思维概念与特征，三思维的智力操作过程，四思维的种类，五概念的定义与形成，六问题解决，七思维的发展概况，八如何培养孩子的思维力，九同步练习。

教育孩子，我们家长究竟怎么办？许多家长都忽视了一个问题：动手能力的培养。尚宗奎的书中说"有句成语叫心灵手巧，意思是说，心负责思维。思维和手确实联系密切，这已经通过现代生理心理学的研究得到证实。人们常说眼过千遍，不如手过一遍，说明动手的重要性。动手能力不是天赋。动脑不见得动手，但动手一定得动脑。如果父母对孩子一味地溺爱，样样包办代替，什么都不让孩子动手，那么孩子的思维就难以发展。如替孩子穿衣服、背书包、做作业。这样孩子就失去了实践和锻炼的机会"。

这一"亮相"使人茅塞顿开，发现过去的追求适得其反，也就知道今后究竟怎么做了。

我相信，读了他的书之后，一定会有更多的人来讨论《心理亮相：教育孩子应懂的心理学》，体会教育的真谛，开始为越来越多的人所感悟，作者的努力能得到回报。假如你还没有找到教育孩子的好方法，那么，建议你翻翻这本书，也许能够帮助到你，从中汲取到营养。

在读者看来，《心理亮相：教育孩子应懂的心理学》每一课都有简便、详尽的指南和具体的实践。完整呈现原因分析、现象解说、方法指导、爱的实践。解决了教育孩子中的许多重点、难点、焦点和敏感的问题。适合学校教育、幼儿教育和家庭教育，适合老师和家长阅读参考。无论什么人什么时候读来，都有所感有所悟。

更值得我们欣赏的还是全书洋溢于对教育"无边的大爱"，用了256面的篇幅，写出了那么多敏感、深刻的问题。在"专业教育家"看来，恐怕也"匪夷所思"了。

前不久，朋友介绍我读这本书。而这一看，闻到了书香，我就立刻"着道了"——拿起来就放不下手，几乎是一口气就读了三分之一。吸引力主要来自作者才思的旷达敏捷和文笔的通俗晓畅。书中提及的理论和实践经验，也能让我感到有一种说不出来的亲切，好像自己也融入其中了，读来欲罢不能。

比如，在思维发展中。书中解读道"3岁前的婴幼儿的思维支柱是感知觉，即：直觉形象思维，自我安全感为中心。假如把6个月左右的婴儿放在桌子上让他爬，当他爬到桌子边缘时会停止爬，已经有了深度的直觉怕掉下桌子。又如把他放在地上爬，他爬一会儿回头看一下，爬一会儿回头看一下，为什么？分离焦虑。看距离多远，怕离妈妈距离远了没有安全感"。

这样具体的现象描述，流出了笔端的《心理亮相：教育孩子应懂的心理学》，不再是简单的描述，而是心理彻悟，其中的教育理论隐而可见。

今年70岁的尚老师，我为他的情怀所感动。一名退了休的教师，不为名利还在追求好的教育，宁可牺牲自己利益，为社会造福，实在令人钦佩。从他身上使我仿佛看到了成千上万个乡村教师的新形象，看到了他们默默耕耘为教育奉献的身影。

尚宗奎老师出生在一个普通的农民家庭，姊妹十人，经历了三次搬家的磨难。从刘洞高中毕业后任民办教师三年，后被郧县师范录取，毕业后分配到郧阳区桂花中学任教直到退休。

尚老师认为生命的意义在于追求，生命的价值不在于长度而在于厚度。如果不做一件有意义的事，不对自己的人生负责，就对不起教师的这个职业。所以，尚老师退休后仍然经常深入学生家中走访，研究教育方法，先后写了《做孩子心灵的唤醒师》和《数学概念都可以这样教》等十几篇论文在专业报纸杂志上发表。

一个中学高级教师，年已古稀，退休后不去休闲娱乐，仍然坚持教育研究和学习。退休后又考取了国家级"家庭教育指导师和心理咨询师"的资质证书，真不简单。还经常进校园、进企业、进社区、进家庭义务讲课，自愿免费提供教育咨询服务和心理咨询服务。我从中深刻体会到他对教育的热爱和追求。这是什么精神？这就是教师的奉献精神。

衷心祝愿：家长成为教育家，家家教育好孩子！

序 二

尚宗奎　罗云

《心理亮相：教育孩子应懂的心理学》汲取个人的读书笔记和经验，整合而成。也有作者的思考总结，分上下两篇，上篇是"心理课堂"，下篇是"教育漫话"。这本书以心理唤醒为出发点，为教育孩子提供了理论基础知识和指导，可作为教育孩子成长的说明书。

现今社会，怎样教育孩子已成为人们探讨的一个话题。什么样的教育方法比较直接有效呢，却又是人们苦苦思考的一个问题。针对这种情况，作者编写了此书，为的是办一个"纸上的育人学校"，使人们尽享教育的妙招。

假若你还没有找到培育孩子的好方法，那么，你还是翻翻这本书，看一看高手如何为你支着。你只要能慢读、精读、细想、做练习，不会叫你失望。读后你的思想就可能升华，你和孩子的人生就可能发生转折。本书提供的理论、思路、原则和技巧，在一定程度上很有效，适合各个年龄段的孩子，即教育通法。作者坚信这种唤醒教育和人格教育的方法，一定会遍地开花，改变成千上万个家庭。本书适合慢慢读、反复读，不要跳过阅读去做练习，如果能和其他家长交流更好。

《心理亮相：教育孩子应懂的心理学》针对当前孩子难管、学生难教这一问题，从心理缺失教育给孩子带来的伤害这一原因出发，提供了新的语言沟通和新的教育方法，从人格自信的角度，为教育者提供了教育指导。每一部分都有简便、详尽的指南和具体的实例，完整呈现原因分析、现象解说、方法指导、爱的实践，与生活密切相关，内容实在，操作性强，解决了教育孩子中的许多重点、难点和焦点问题。适合学校教育、家庭教育、心理教育，适合老师和家长阅读、参考，在潜移默化中学会如何培养孩子的人格自信。

书中部分篇章详细介绍了情绪、思维、注意、想象、记忆、性格等有关心理学知识。书中的知识涉及面广，但都浅显易懂，可供不同文化层次的读者阅读。

在编写过程中，作者对已知的资料做了加工和改造，去伪存真，去粗取精。在此谨向为作者提供材料的听课家长们表示感谢！

有些科学知识无法联系到原文的作者，敬请谅解和支持。由于本书的作者少学文雅，难免于俗，敬请读者斧正。

书中许多内容，实例实属个人所悟，并且在教育实践中得到验证，可以作为读者汲取的营养。有些文字不一定切合时宜，需要读者加以变通，参考应用。本书内容与日常生活十分贴近，接地气，通俗易懂。因此，此书在手，教育有好帮手。

《心理亮相：教育孩子应懂的心理学》从教育心理学角度讲了很多培养、教育孩子的方法、技巧，都具有很强的可操作性、知识性、实效性、趣味性、可读性。一看就懂，一学就会，按本书说的去做，培养健康聪明孩子不是梦。教育成功了，家长就放心了，父母做对了，孩子才优秀。

健康、聪明不是上天照顾了谁，赐给了谁家孩子一个好脑袋，而是父母的早期教育和科学养育。父母的教育水平决定着孩子的成败，培养健康、聪明儿童的诀窍和捷径就在父母脚下。

《心理亮相：教育孩子应懂的心理学》以大众教育为本，了解孩子心理，避免伤害，传承文化。在传承优秀文化的同时，积极传播适合新时代、新生活、新生命成长的法则和知识，使中华民族传统文化得到弘扬。

目 录

心理课堂

心理课堂

传统的家庭教育方式已经不适应现代社会,"只生不养"的思想观念应该得到彻底纠正。父母既然给了孩子生命,就应该好好培养教育,把孩子潜在的能力挖掘出来,好好保护,成就孩子一生。

现今社会,孩子的心理在不断变化,那么教育孩子的方法也应该随之改变。教育最大的危险是不懂心理学的人教育孩子,使得孩子不能成为期待的样子。所以心理健康教育、德育教育越来越显示出它的重要性。

第一课 做自己情绪的主人

◎课程导读

本课介绍情绪情感定义、功能、种类和情绪情感两极性及表现形式等内容，了解情绪与情感的区别和联系、情绪情感的维度，正确理解情绪情感与心理反应，掌握情绪情感的发展和管理实施。

◎重点知识

情绪情感定义、功能和维度
基本情绪、复合情绪、高级情绪、社交情绪与情绪管理
情绪情感的发展概况

一、认知情绪

认知：是人对某一件事情的认识和看法。包括对过去事件的评价，对当前事件的解释，以及对未来发生事件的预期。对情绪的认知从以下四个方面来说。

1. 情绪是一种能量，只需要释放。情绪如同气球里面的气，积压下去，当遇到一根针的时候，如同洪水猛兽样愤怒，像气球一样爆破，"砰"的一声爆炸。人的不良情绪若长期积压就会在外界刺激下失去理智。

2. 情绪左右着我们的生活。不但影响身体健康，还影响亲子关系、夫妻关系、人际关系、社会关系等。

3. 情绪是自己心境的晴雨表。在这个世界上，唯有一种心情，能让人们感觉到一切都是美好的，那就是乐观的态度。每当我们

身陷困境，乐观就像一首激昂优美的进行曲，时时鼓励着我们对事业不懈进取，使我们拥有阳光一样的温暖人生。

4. 情绪、情感、情商、情怀等都属于人格系统。

二、情绪情感定义

情绪情感是人对客观事物的态度的体验，是人脑对客观事物与人的需要之间的反应，是一种心理过程。

第一，以人的需要为中介。反映的是客观与人的需要之间的关系。

第二，是人的一种主观感受或者内心体验（如轻松还是愉快）。

第三，外部表现形式即表情（喜、怒、哀、乐、悲、惊、恐）。

第四，情绪产生会引起生理变化（呼吸、血压），心跳加快、呼吸急促或者脸红脖子粗等。

三、情绪情感功能

1. 适应功能。情绪能发动其身体的能量去适应环境的变化。如儿童通过哭交流饥饿。

2. 动机功能。驱动从事活动、提高效率、放大信号、激发行动。

3. 组织功能。积极的情绪沟通起协调、促进作用；消极情绪沟通起破坏、瓦解作用。积极的情绪对记忆效果和行为产生重大影响。

4. 信号功能。通过表情来实现，如笑表示友好，点头表示同意，招手表示欢迎，拍手表示赞同，竖起大拇指表示夸奖。

四、情绪与情感的区别和联系

1. 情绪情感是同一心理过程的两个方面。情绪是脑的活动，指的是感情的反应过程，具有易变性、情景性。情感代表的是感情的内容，即感情的体验和感受，具有稳定性、深刻性、持久性。

2. 情绪是情感的表现形式，即情感要通过情绪来表达，情绪受情感制约，有时候深刻的情感体验会改变情绪的原始表现形式。

五、情绪情感的生理反应

1. 呼吸、心率、皮肤电反应、内外分泌腺、脑电波。

2. 不良情绪（愤怒、烦恼、沮丧、恐惧、悲哀等）影响人的身体健康。如愤怒时，胃黏膜充血，导致胃溃疡。悲痛时，胃黏膜变白，导致消化不良等。不良情绪容易引发肿瘤，导致癌症。因此，不良情绪是健康第一杀手，生气不宜超过三分钟。

3. 表情，外部表现模式叫表情。分为面部表情、肢体表情、言语表情等。

4. 情绪与五脏。过怒伤肝，过悲伤肺，过思伤脾，过恐伤肾，过喜伤心。

六、情绪情感两极性及维度

1. 情绪的两极性。情绪情感变化存在着两种对立的状态，这就是两极性。两极性并不是完全对立，同时发生在一个人身上，如悲喜交加、又爱又恨。

2. 下面是一些表达情绪的词汇，帮助孩子把情绪准确表达出来。

正面情绪如微笑、愉快、鼓掌、歌唱、跳舞、欢迎、热情等。

生气的时候如愤怒、嫉妒、着急、挫折、不公平、指责、埋怨、骂人、被忽略、吹胡子瞪眼、无能为力等。

无形的情绪如尴尬、委屈、恐慌、困惑、无聊、厌恶、内疚、讨厌等。

难过的时候如伤害、被排斥、被拒绝、空虚、失望、沮丧等。

练习。请做出成语"咬牙切齿""张牙舞爪"的表情；请说出表达"眼"情绪变化的有关成语来，如眉来眼去、暗送秋波……

3. 情绪情感的变化维度。激动度有激动和平静两级，如欢呼雀跃和平平淡淡；强度有强和弱两级，如心花怒放和咧嘴一笑；紧张度有紧张和轻松两级，如忙里忙外和漫不经心。

七、情绪情感种类

1. 基本情绪是人和动物共有的、不学而会的，又叫原始情绪。每一种基本情绪都有其独立的神经机制、内部体验、外部表现和不同的适应功能。如快乐、愤怒、悲哀和恐惧四种。

2. 复合情绪是由基本情绪组合派生出来的，如敌意、焦虑等。

3. 按照情绪发生的强度、速度和持续时间的长短不同，分为心境、激情和应激。

心境是一种持久、微弱的情绪体验的状态。心境通常被称为"心情"。愉快的心境使人觉得轻松、喜悦，积极地看待周围的事物，动作也变得敏捷，活动效率提高，有益于健康。不愉快的心境使人觉得沉重，感到心灰意冷，消极悲观地看待周围事物，活动效率低，有损于健康。

激情是一种强烈的、爆发式的、短暂的情绪状态。这种情绪状态通常有生理变化和外部行为表现。激情具有激动性和冲动性。激情既有积极的，也有消极的。

应激是出乎意料或在紧急情况下所引起的高度紧张的情绪状态。如噪音、人际矛盾、工作压力、救火等。人对应激事件做出的反应叫"应激反应"。人应该努力提高自己对应激的抵抗能力。

情绪既有积极的，也有消极的。人应该善于控制和调节自己的情绪，学会做情绪的主人，不做情绪的奴隶。

4. 高级情绪情感有道德感、理智感和美感。高级情绪比基本情绪发育晚千万年，即理智脑比情绪脑晚。早期人类在诞生时就有了情绪脑，和其他动物一样。

道德感是按照一定道德标准评价自己或者他人的思想、观念和行为时所产生的情感体验。

理智感指人对客观事物认知活动所得的成就评价过程中产生的主观体验。

美感指人根据审美标准评价事物时的感受和获得理解时的精神愉悦的体验。

5. 社交情绪，是人际交往中的一种主观体验，是人的社会需要是否获得满足的反映。人的社会需要获得满足，就会伴随积极的情绪体验；反之，伴随消极的情绪体验。下面介绍四种社交情绪。

（1）社交焦虑。社交焦虑是一种与人交往的时候，觉得不舒服、不自然、紧张，甚至恐惧的情绪体验。如怕上台讲话，怕见领导说错话。

社交焦虑的个体往往减少社会交往，选择孤独的生活方式。是一种消极的情绪体验。社交焦虑仅次于抑郁和酗酒。

（2）嫉妒。嫉妒指与他人比较，发现自己在才能、名誉、地位或者境遇等方面不如他人，而产生的一种羞愧、愤怒、怨恨等组成的复杂情绪体验。嫉妒情绪有以下特点。

针对性：总是针对特定的个体或者群体。

持续性：一旦产生，不易摆脱，持续影响人的思想、情感和行为。

对抗性：心胸狭隘，总希望别人朝坏的方向发展。

普遍性：人们在现实生活中，或多或少会体验到嫉妒，普遍存在着嫉妒的社交情绪。

（3）羞耻。羞耻是因为自己在人格、能力、外貌等方面的缺憾，或者在思想行为方面与社会常态不一致，而产生的一种痛苦的情绪体验。羞耻的人往往感到沮丧、自卑、自我怀疑、绝望等，认为自己对什么都无能为力。过多或者过少的羞耻都是不健康的。

（4）内疚。内疚是个体认为自己对实际的或者想象的过失负有责任，而产生强烈的不安、羞愧和负罪的情绪体验。内疚的人往往会有良心上和道德上的自我谴责。健康的内疚感是心灵的报警器，提醒人们按照他人的利益和感受，调整自身的人际交往，有利于个体适应社会生活。而过多或者过少的内疚感则是不健康的。

八、情绪情感的发展概况

情绪情感是人与生俱来的心理反应。情绪出现早，具有情景性、冲动性和明显的外部表情。如人出生时就闹情绪——"哇"地哭出声来，不哭的孩子不健康。情感出现较晚，具有深刻性和稳定性。父母需要了解孩子的情绪情感的发展过程。

1. 反抗期（关键期、加速期）2—4岁。

这个时期，孩子的探索欲望和自我主张越来越强烈，独立性和自我主张也相应发展，认识到"我"和"我"的力量。但孩子的欲望要求常常遭到父母的禁止和限制，因此，他们不仅拒绝命令，甚至拒绝帮助，事事"我自己来"。这个时期，在心理学上称为"第一反抗期"。

良好的情绪情感有助于孩子勤奋的人格、个性品质和学习兴趣的提高，消极、反抗的情绪情感往往使孩子处于压力之中。

当孩子的愿望得不到满足时，无理取闹，向父母索取也没有结果，就用"哭闹"等方式表示不满。

2—4岁孩子对玩具的占有欲极强，不愿他人侵占，一旦被侵占，会通过一些不寻常的动作来宣泄内心的不满。

反抗期的孩子情绪不稳定，哭喊吵闹的孩子，不一会儿就好了。

2. 稳定期4—5岁。

随着语言和心理活动随意性、丰富性的发展，他们的情绪情感、面部表情、肢体动作和语言也逐渐提高，行为受情绪支配的比例逐渐下降，学着控制自己的情感。情感的有意性、稳定性逐步增长。如生气和着急时不一定哭闹；高兴时也不一定笑出声来；看到同伴哭时，会表示出关心、同情，用手绢帮助同伴擦眼泪，而不会跟着哭。

稳定期的孩子开始对他人的情绪做出刻板推测并做出相应的行为反应，也能够运用社会规范初步评价自己的行为，还能在大人的帮助下控制自己的行为，自控力逐步形成，有初步的责任感、道德感。

3. 成熟期 5—6 岁。

这个时候，孩子有一定的稳定性和自控能力，能够用语言来调节情绪，希望引起别人的注意，尤其是得到重视和尊重，想讨人喜欢，渴望建立友谊关系，也想成为人家心目中的人。

成熟期的孩子对消极情感也有较好的理解。不仅对高兴有较好的认知，对吃惊、伤心的认知也有"质"的跨越。相对而言，对高兴、伤心的情绪识别较好，而对讨厌、害怕的情绪识别较差。

开始理解混合情绪。如要放暑假了，感受到假期的快乐，又感受到与同伴分离的遗憾。

高级情绪萌芽，义务感产生，懂得履行责任的必要性。体验情绪情感的种类也在不断泛化，愉快、满意、不安、自尊、自爱、自强、自谦、自豪、尊敬、害羞、惭愧、热爱等范围扩大，不仅限于自己或者亲人，还扩展到班集体、幼儿园，甚至社会。

九、情绪情感管理

1. 觉察自己的情绪。

自己情绪不好的时候，要有所觉察，管理好并处理好是带给孩子情感的前提，当情绪要到失调的边缘时，赶紧停下来，不然认知功能也会失调，孩子的情绪就会更糟。

情绪本身没有对错，所有的情绪、感受都是真实的，都是可以接纳的。假如孩子做了一件事，让父母气疯了，这没有问题。因为父母也是人，可以在孩子面前暴露，不需要去掩饰。

问题是需要觉察情绪的产生和变化。有时候发火的源头，不一定是孩子的错，可能是自己身体疲惫、工作不顺心或者与别人争吵的原因。或者孩子是对的，父母莫名其妙地发火。如果没有及时觉察和管理，负面情绪不断积累，导致生气出口，发泄在孩子身上。

2. 管理自己的情绪。

生气是人的本能，不乱发脾气是本领。乱发脾气教育孩子一点效果都没有，反而影响亲子关系，所以学会管理、表达情绪是首要。

如果知道自己生气，但要尊重孩子，告诉自己生气的原因和感受，并倾听孩子的回应，就可以继续交谈。如果非常愤怒，没办法冷静，甚至打骂，这要喊停，用深呼吸等方法自我调节或者离开，等到情绪平复后再与孩子讨论。

父母要有耐心去理解孩子的行为，同一件事，换个角度看，情绪也许会改变。如爬到桌子上，故意对着干，可能孩子是在进行空间探索，那么父母就不会生气了，要提供相应的保护措施而不是发火。

万一情绪失控发火了，感到后悔，及时道歉说"对不起"。

当情绪不好的时候，告诉孩子原因让孩子明白。如"妈妈今天钱包丢了"。不开心是暂时的，当心情恢复时，记得说"我现在感觉好多了"。

父母不要太过溺爱、体贴、将就，以至于让孩子认为你是一个不会伤心、不会难过、只会牺牲一切的超人。从体谅父母开始，培养孩子成为一个善解人意的天使。

3. 觉察并接纳孩子的情绪。

当孩子有负面情绪时，可以直接说出来，如"看来你很生气"？孩子跟所有人一样有情绪，虽然未能清晰地表达出来，但对孩子来说理由是合理的。站在成人的角度情绪不该发生，可从孩子的视角看，就容易接受了。

无论孩子怎样生气、哭闹，父母都要表现出尊重、接纳孩子的感受。其实，孩子闹情绪的时候，正是父母亲近、沟通的机会。

4. 帮助孩子把情绪表达出来。

孩子愿意与父母谈论情绪，父母帮助孩子把情绪准确地表达出来，甚至把情绪的表情也演示一下。如"怒"，目光直射、圆睁。

帮助孩子学习掌握一些表达情绪的词汇，如前面所讲的那些。一定要安抚好孩子的情绪，如"怪不得你有这样的反应，现在心里感觉怎么样"？告诉孩子情绪每个人都有，是正常的，可以处理好。

5. 设立规范帮助孩子解决问题。

了解、接纳、安抚、描述孩子的情绪之后，进入解决问题的过程。重要的一点是预先设立行为规范。接纳并不意味着所有行为都接受。如孩子摔东西、打人、骂人，在了解这种行为背后的情绪之后，先描述感觉，再告诉孩子这种不当的行为是不能容忍的。接着，引导孩子如何用恰当的方式处理。如"拿走你玩的玩具生气是应该的，我明白那种感受，但你打他就不对了，他也想打你的话，就不能做朋友了，对吗"？

面对孩子的不当行为，有些父母打孩子，可能暂时有效，因为孩子为了避免皮肉之苦而顺从。但是从长远来看适得其反。被打之后孩子觉得不公平，怨恨父母，更多的是报复而不是改变自己，或者"当面一套背后一套"。研究发现，挨打的孩子长大后攻击性更强。

父母可以引导孩子往以下几个方面去想。

刚才小朋友走过来的时候，你怎样说他才不会拿走你的玩具？下次出现同样情况，怎样做更好？你可以想出多少个办法？为了避免同样情况出现，你应该采取哪些预防措施？

6. 情绪管理的原则。

沟通原则"先谈心情，后谈事情"，即先回应情绪，后回应问题。控制、调节情绪空间。如何宣泄情绪呢？一方面为了保护孩子不能自残或是扔东西伤害自己；另一方面也不能伤到别人，承担责任而自己内疚。

当孩子激烈的情绪爆发失控时，父母可以用双腿夹住孩子的腿，怀抱方式夹住手，紧到孩子没法挣脱，又不会弄疼孩子。让他感觉到无论怎样挣扎也无济于事，哭闹是不行的，保持几分钟就自动松开。这样也是为了避免父母被激怒的瞬间出现难以控制的局面。一开始孩子肯定闹得厉害，不要担心，因为失控的人其实也害怕自己失控，内心也希望有人帮自己找回失控。父母要用自己的行为向孩子传递信息，我在保护你。等孩子闹够了，消停了，父母弄条湿毛巾给他洗脸、换衣服、哄哄、谈谈心。

管理情绪，规范行为的原则。自己是情绪的主人，行为是社会化的，不良的行为会对自己和他人带来危害。

生气的情绪被接纳，但打人就不行，打人的行为必须规范。情绪需要释放，闹情绪可能对解决问题没有用。

宣泄情绪的方法有：离开运动、放声大哭、肢体发泄、找人倾诉、大声歌唱、仰天深思、"我"字开头说话、"哇"字开头说话、三思而后行、转移注意力、告诉我生气的理由等。

还可以用其他方法管理情绪，最重要的是温和而坚定，制订的行为规范原则要有底线，能得到落实、执行。

7. 亲子关系是调节情绪的基础。

对于父母来说，有时候情绪即使很激烈，但一听到或者看到自己最亲的那个人，马上就感觉安心多了——因为爱。对于孩子更是这样。孩子对养育人的依恋调节情绪能力很强。反过来，孩子对自己情绪调节和安抚的父母更加亲密和信任。

8. 给孩子以身体的抚慰。

抚慰调节情绪的作用很好且现实，就像婴儿哭了父母抱起来拍拍摇摇就很有效。孩子的语言能力发展不足，当情绪高潮时更加没有语言表达能力，但是，身体的感觉还是很敏感的。

9. 给孩子释放情绪的空间。

情绪是非常个人化的、自私的，越是被评判、被指责、被压抑的情绪，越有找各种方式表达的冲动。如屁，会忍着放。情绪是需要有释放表达空间的，闹情绪可能对解决问题没有用，但是对于孩子的情绪调节能力的发展是有作用的，因为能量释放了。就像衣柜里的衣服堆得很乱，想收拾干净需要找一个空间来作为工作区。

10. 学会调控自己和他人的情绪。

我们都是情绪的伪装者。我们最容易犯的一个错误就是不去解决对方的情绪，只考虑自己的情绪。如孩子说"我的好朋友不和我玩了"。父母想都没想，就说"没关系，你可以和别的小朋友玩"。

夫妻之间也是如此，妻子抱怨说"每天上班还要带孩子，真累"！丈夫回答"既然累，就不上班了"。这样的回答，对方听了情绪更加恶劣了。因为这样的回应意味着对方的情绪不被接纳，对方的感受被否决，妻子的付出不被尊重。

当一个人处于困惑或者困扰的时候，最渴望得到别人的接纳和理解，渴望有人感同身受的安慰。

在第一个场景里，如果父母回应"我猜你有些失落，有些伤心"。孩子就会觉得心里的那份难受被父母感受了，他的痛苦被接纳了。于是亲子关系就更贴近了。

在第二个场景里，如果丈夫回应"是啊，又上班又带孩子，辛苦的程度真难以想象。老婆，你真不容易"。这样的回应使两个人的心紧紧贴在一起，彼此温暖。

所谓患难之中见真情，你能感受别人的感受，接纳这份感受，这样能让对方有同震共鸣的感觉。当对方情绪低落时，我们很容易评判"不好"，忽略别人的感受，出于自己的焦虑，希望对方赶快停止情绪低落，不是否定便是呵斥。这样做也许有效，但对方的情绪能量被阻塞了。一旦新的情绪闪现，叠加旧的情绪，会产生不可预料的大情绪，就后悔了。

如何调控自己和他人的情绪，维护良好的心境，做法如下。

第一，认识自己不良的性格。如追求过分完美、好高骛远、孤僻、嫉妒、自卑、猜疑等；第二，对他人不过分苛求，要允许别人有缺点；第三，掌握好调控情绪的方法，如倾诉宣泄法、转移法、回避法、自我暗示法，等等。

控制自己的情绪，不要让怒火燃烧自己。

1. 情绪，存在于教育漫长的发展过程中，它躲在孩子转变的千钧一发时刻，它因需要而生，因管理而溢彩，它左右我们的生活，它是成功到来的一声呐喊！

2. 歌曰：人乃天地一缩图，必须有个好心情。

3. 一个人如果既不能掌管自己的情绪，也不能懂得他人的情绪，那么他将一文不值。一个乱发脾气的人，是没出息的人。

十、同步练习（可单选或多选）

1. 关于情绪的表达，下面正确的是（　　）

A. 情绪是人对客观事物的态度体验

B. 情绪是人脑与人需要的反应

C. 情绪和情感是一种感受和体验

D. 情感是以人的需要为中介

2. 婴幼儿通过哭反应情绪，以便得到抚养的情绪情感是（　　）

A. 动机功能　　B. 适应功能　　C. 组织功能　　D. 信号功能

3. 基本情绪又称为原始情绪，包括（　）

A. 快乐　　　　B. 愤怒　　　　C. 悲哀　　　　D. 恐惧

4. 患者对周围的事情漠不关心，内心体验缺乏的现象是（　）

A. 情绪低落　　B. 情绪淡漠　　C. 情绪迟钝　　D. 应激

5. 按情绪状态可把情绪分为（　）

A. 心境、激情、应激　　　　　　B. 道德感、理智感、美感

C. 基本情绪和复合情绪　　　　　D. 快乐、愤怒、悲哀、恐惧

6. 管理情绪的原则有（　）

A. 先谈心情，后谈事情　　　　　B. 规范行为

C. 大声歌唱　　　　　　　　　　D. 仰天深思

7. 情绪稳定期的孩子年龄一般在（　）

A. 2—4 岁　　B. 4—5 岁　　C. 5—6 岁　　D. 6—7 岁

8. 嫉妒情绪的特点包括（　）

A. 针对性　　　B. 对抗性　　　C. 持续性　　　D. 普遍性

9. 认为自己对过失负有责任，而产生不安的情绪体验是（　）

A. 焦虑　　　　B. 嫉妒　　　　C. 羞耻　　　　D. 内疚

10. 关于羞耻，说法正确的是（　）

A. 是一种负罪的情绪体验　　B. 公共场所会易化羞耻感

C. 是一种消极的情绪体验　　D. 羞耻者往往有良心上自我谴责

练习题参考答案

1. ABCD　　2. D　　3. ABCD　　4. B　　5. A　　6. AB　　7. B

8. ABCD　　9. D　　10. C

第二课 思维是人类最美的花朵

◎课程导读

本课介绍思维的概念、特征、种类和操作过程，思维形成、问题解决及影响因素等基本内容。简要了解思维的智力操作过程、思维形成及研究、问题解决等一般性知识和婴幼儿、青少年思维的特点。

◎重点知识

思维定义及求同思维、求异思维、再造思维、创造思维

思维特征及影响问题解决的因素

思维的发展和婴幼儿、儿童及青少年思维的特征及培养

一、认知思维

思维发展是认知发展的核心。逻辑是专门研究思维的，思维是指大脑活动的内容和形式。简言之就是会动脑筋。

如果没有良好的逻辑思维，就等于没有良好的大脑，也就谈不上健康；没有逻辑思维，就等于缺少了指挥孩子讲话、会哭、会唱、会跳的"司令部"，孩子就不活泼；没有逻辑思维，孩子呆头呆脑，不善于动脑筋想办法，就不能较快地认识事物并提出问题。

思维是人脑对客观事物的概括和间接的反应过程，反映的是客观事物的内部本质联系和规律性联系，是人类认知过程的高级阶段。

例如，有人说"牛顿是因为苹果砸在了他的头上，才激发了他的灵感和思维，发现了万有引力定律"。是啊，牛顿想：苹果为什么不向上、向左、向右或者向前、向后落，偏向下呢？经过思维，得出地球重力引力的结论。可是左右、前后遥远的地方也有其他星球呀！为什么没有把苹果吸引过去呢？又经过思维，引力大小与距离有关，得出万有引力大小的计算公式。这就说明：思维是人脑对客观事物的本质和事物之间内在联系的认识。

二、思维概念与特征

1. 思维是人脑对客观事物的本质和事物之间内在联系的认识。

思维与感知觉都属于人脑对客观事物的反应。感知觉是思维的源泉和依据，思维是感知觉的进一步深化，处于认知过程的核心地位。

2. 思维的特征。

思维的最主要特征是间接性、客观性：它借助于已有的知识经验或者其他媒介来认识客观事物。

例如，早晨起来地上有雪，想到昨晚下雪了。虽然没有看到下雪，但间接地知道下雪。

其次是思维的概括性：它反映一类事物的共同的本质的特征的过程。

又如，某班应到45人，实到43人，发现这43人的脸上都有块黑疤，于是想到该班学生45人的脸上都有块黑疤，猜想缺席的2人的脸上也有块黑疤。

假如，缺席的2人的脸上没有黑疤，正说明思维的特征只是人脑对客观事物之间内在联系的认识，并没有绝对正确之分。

思维的结论需要检验、论证。

三、思维的智力操作过程

思维是大脑对外界事物的信息进行复杂加工的过程，分析、综合、抽象、概括是思维操作的基本形式。

分析与综合：分析是将事物的整体分解为各个部分，分别加以研究。综合是把事物各个部分联合为一个整体加以研究。

抽象与概括：抽象是把同类事物或者现象的本质属性抽取出来加以思考。概括是把抽象出来的事物或者现象的本质属性联合起来并推广到同类事物或者现象中去的思考过程。

例如，丽丽认为女儿就是年龄比较小的人，她知道自己是妈妈的女儿，也知道年龄大的妈妈也是外婆的女儿。

又如，妈妈、爸爸、奶奶、爷爷都感冒了，我没有感冒。这就是幼儿的具体形象思维。

四、思维种类

1. 根据思维形式不同可分为：动作思维、形象思维和抽象思维。

2. 根据思维探索方向不同可分为：辐合思维和发散思维。辐合思维也称为求同思维，是按照已知的信息和熟悉的规则进行的思维。发散思维也叫求异思维。

例如，说出水有哪些用处。根据"洗"的方向，可以洗碗、洗菜、洗脸，等等；根据运动、旅游方向，可以游泳、观赏等；当作武器方面，可以灭火、灌溉……

3. 按照思维是否具有创造性可分为：再造性思维和创造性思维。

例如，鲁迅笔下的孔乙己就是再造性思维或创造性思维。

五、概念的定义与形成

概念是人脑对客观事物本质特性的反映，是以词来表示和记载的。概念是思维活动的结果和产物，同时又是思维活动借以进行的单元。

每个概念都包含内涵和外延。内涵指概念所包含事物的本质属性，外延指概念包含的范围或者个数。内涵越深，外延越窄。

概念形成或者叫概念的掌握，是指借助语言，从成人那里继承和学会概念中的知识和经验的过程。

六、问题解决

1. 问题解决的定义。

问题是指蕴含着个人面临障碍的目标。一般具有下面三个要素：（1）初始状态；（2）目标状态；（3）遇到障碍。

问题解决是按照一定的目标，应用各种认知活动，经过一系列的思维操作，使问题得以解决的过程。从问题的初始状态达到目标状态的过程。

问题解决有三个基本特征：（1）明确的目的指向性；（2）是一系列认知操作程序；（3）是思维认知成分的参与。

2. 问题解决思维过程。

问题解决思维过程包括四个阶段：

（1）发现问题。爱因斯坦说过"提出一个问题比解决问题更重要"。

（2）明确问题。把握问题实质，确定最终方向。

（3）提出假设。假设是科学的侦察兵，是解决问题的必由之路，为问题解决搭建起从未知到已知的桥梁。

（4）检验假设。检验假设的有效方法有直接检验和间接检验两种。

3. 问题解决策略。

问题解决的策略用以下三种：

（1）启发式策略。分析问题当前状态和目标状态之间的差异，通过一定的操作手段消除这种差异。

（2）选择性搜索。选择突破口以收获更多信息，直到问题解决。

（3）爬山法。在解决问题的过程中，把目标假定为山顶，先在山下确定一个较低的目标，爬到这个目标，如此循环，最终爬到山顶。

4. 影响问题解决的因素。

（1）迁移作用：迁移是指已有知识和经验对解决问题的影响，分为正迁移和负迁移。

例如，骑自行车的技术，迁移到学习开摩托车上。

（2）原型启发：原型启发是从现实生活的事例中找到解决问题的途径。

例如，瓦特看到水蒸气把壶盖顶起来，发明了蒸汽机。

（3）定势作用：定势是指从事某一种活动前的心理状态，会对后面从事的活动产生影响。

例如，草写"中国人 12"和"9、10、11、12"。虽然最后两个都是 12，但读书的时候常常会读成中国人口，不会读成中国人十二。又如草写"A、13、C"和"12、13、14"，虽然中间两个都是 13，但读书的时候常常会读成 ABC，而不会读成 A 十三 C。

（4）动机和情绪状态：一个人的动机状态，对解决问题起着不同的影响作用。

（5）个性特征：具有远大理想、坚强意志、勇于进取、充满自信特征的人，常能克服困难，有效地解决问题。

七、思维的发展概况

1. 婴幼儿的思维发展。

3 岁前是思维的萌芽阶段。1 岁前的婴儿，对事物的认知更多的是感知觉，基本上没有思维。1 岁以后，由于婴儿逐渐掌握了语言能力，认识了事物的某些表象特征，生活经验得到进一步提升，开始出现一定的概括性思维。所以说，思维是复杂的心理活动，婴幼儿思维的发展是在感知觉、记忆等能力发展的基础上形成的。

婴儿的思维方式起初以直觉行动思维为主，主要表现为动作思维。到 19 个月左右，婴儿的具体形象思维逐渐萌芽，此时，婴儿开始能把实物的象征符号和实物本身联系到一起，依靠直觉形象思维展开思维。在婴儿思维发展的过程中，起初较为依赖动作思维，在两岁半之后，语言的作用开始明显起来。

以数概念为例，3 岁儿童的数概念能力分为三级水平。

（1）直观行动，看到物品能分辨大小、多少。如给了大苹果就高兴，小的就不高兴，甚至主动去拿大苹果。

（2）直观表象笼统概括，产生了数概念的萌芽，但须借助具体事物，能说出"一个""两个""好多"之类的语词。

（3）直观言语概括，计算能力快速发展，对数概念的认知，必须以直观的物体为支柱，在运算中离开直观物体会中断，数词后带量词，数字语言不能超过眼前的生活，不能产生简单的数群的表象。

因此，婴幼儿思维发展的重心就是要为他们的各种感官提供尽可能多的环境刺激。鼓励他们多动手，如捏橡皮泥、堆积木等。

家长要营造鼓励婴幼儿创造心理氛围，打破思维定式，不追求标准答案，只要能自圆其说即可，只要能说即可。引导婴幼儿创编故事、画故事图。凡是婴幼儿自己能够做的，让他自己做，能够想的让他自己想，不要随意指责婴幼儿的好奇、好动行为。这不对那不对的呵斥，往往会扼杀婴幼儿的求异创造意识、求异思维。

总之，3岁前的婴幼儿的思维支柱是感知觉，即直觉形象思维，以自我安全感为中心。比如把6个月左右的婴儿放在桌子上让他爬，当他爬到桌子边缘时会停止，因为已经有了深度的直觉怕掉下桌子。又如把他放在地上爬，他爬一会儿回头看一下，爬一会儿回头看一下。为什么？分离焦虑，他看距离多远，怕离妈妈距离远了没有安全感。

2. 幼儿时期思维的发展。

在3至6岁，学前班时期，具体形象思维是幼儿思维的主要特征。

（1）具体形象思维的动态性、可塑性。一些物体的表象经过他们的同化、简化，被压缩，被"添油加醋"，进而形成新形象。认为头脑中的表象不是独立的、静态的，而是可以相互转化的动态活动。具有连续性和易变的特点。如一碗水倒在另一个地方，幼儿认为另一个地方的水可能少一点了。

（2）具体形象思维的趋向性。由近及远、由表及里。思维内容的范围由自身波及家庭、幼儿园和儿童世界。对事物的认识往往先是专注事物的某一个部分而忽略其他部分，以偏概全。掌握概念时由浅入深，是一个由外在表层现象到内在深层意义的递进发展过程。

（3）具体形象思维的全面性。由局部到整体、片面到全面的思维开始萌芽。

（4）思维具有一定的计划性和预见性。有了词的概括性和言语的调节性，幼儿开始思维不在眼前的事物，思考过去的经验，联想有关的形象，从而能计划自己的行动，预见行为的结果，解决面临的问题。

（5）思维缺乏连续性、易变性。幼儿了解事物基本上还处于表面现象和外部联系的阶段，因此往往不确切，缺乏连续性和易变性的特点。

（6）自我为中心。凡是他喜欢的玩具就一直玩，甚至一个劲地拿在手上不放，不让别人玩。凡是他喜欢的东西认为别人也喜欢。

（7）逻辑思维获得初步发展。随着年龄增长和知识的获得，开始追求对事物的内在关联和本质特征的认知，表现在提问的类型的变化和概念形成的特点。如"爷爷为什么星期天来我们家"？

幼儿从具体形象思维中萌发出抽象逻辑思维，提问从"是什么"的模式向"为什么"转化。探索精神和求知欲高涨，好奇心极强，往往不厌其烦地向大人提出各种问题。提问以"……是什么"为主。这反映他们的求知水平局限在追求个别事物的特点上。提问"为什么"，这与幼儿所渴望理解的内容，与他们思维的发展相适应。大量的"为什么"，说明幼儿对客观世界的了解欲望，已指向事物的内在道理、本质特征和事物之间联系的规律上。

幼儿概括能力的发展，直接受他们概括水平的制约。概括水平先是以具体形象概括为主，后是内在本质属性的概括。概括是用词来标志的。在掌握概念的发展中表现他们的逻辑思维。

随着思维能力的提高，幼儿推理能力也初步发展。幼儿是从一些特殊的事例到另一些特殊事例的推理，这种推理属于前概念推理。这是从表象向逻辑概念过渡的推理形式。如妈妈说"喝凉水肚子疼"，他会向凉水中倒一些开水，由凉推理出热。

从婴幼儿到幼儿再到儿童，他们的思维发展规律是：直观形象思维到具体形象思维再到抽象思维。儿童动作发展遵循的三个原则：（1）头尾原则，就是先发展头部后四肢；（2）先里后外的原则，就是先身体内部后外部；（3）先大动作后精细动作的原则，如吃饭时，先用手大把抓，后用手拿筷子一点一点地夹。

3. 小学儿童思维的发展。

小学时期是具体形象思维和抽象逻辑思维两种思维形式交叉发展的时期，是思维发展的"飞跃"，发生了质变。

（1）概括能力的发展。在整个小学阶段，概括水平经历三个阶段。第一个阶段，直观形象水平（7—8岁），该阶段概括的往往是直观的、形象的、外部的特征和属性；第二个阶段，形象抽象水平（8—10岁），从形象水平向抽象水平的过渡；第三个阶段，初步抽象水平（10—12岁），开始以本质抽象为主，然后进一步抽象。

（2）比较能力的发展。比较时，不善于分清本质和非本质，对不同点的比较早，对相同点的比较晚。从正确区分事物的异同逐步发展到区分抽象事物的异同，从区分个别部分的异同逐步发展到区分许多部分的异同，从在直接感知条件下进行比较逐步发展到运用语言、语音在头脑中引起表象的条件下进行比较。

（3）概念的发展。是抽象思维活动的基本单位，随着学习的深入，对概念的理解日趋深化，内容也日趋丰富。如数、字词、时间、空间等概念。同时，概念体系也日趋系统化，通过分析、综合、比较、抽象和概括，逐步掌握运算系统，逐步反映出小学儿童思维的系统性。

（4）推理的发展。首先掌握的是简单的直接推理，即一个条件推出一个结论的推理。在学习过程中，间接推理能力逐渐发展，即几个条件推出一个结论，包括归纳推理和演绎推理。

4. 中学阶段思维发展的特点。

抽象逻辑思维处于优势地位，但是，思维发展的特点还是存在质的不同。初中生虽然能用假设、法则进行逻辑推理，但这时的逻辑思维还需要具体经验的直接支持，还属于经验型的。进入高中阶段以后，学生能在头脑中进行完全的抽象符号推理，能在理论的指导下去分析、解决各种问题，则属于理论型的。

（1）抽象逻辑思维发展存在关键期。从初中二年级开始到高中二年级，抽象逻辑思维基本完成。

（2）抽象逻辑思维占主导地位。就是要求人们撇开具体事物，运用概念和假设进行思维活动。思维者按照提出问题、明确问题、提出假设、检验假设的途径，经过抽象逻辑过程，达到目的。

（3）形式逻辑思维和辩证逻辑思维快速发展。这是青少年思维发展和成熟的重要标志，高中生在实践与学习中，认识到一般和特殊、归纳和演绎、理论和实践的对立统一关系。

（4）思维的独立性和批判性有了发展。他们进入了一个喜欢怀疑、辩论的时期，不再轻信别人，坚持己见，能够评判别人和在书本上发表意见，能够有意识地调节、支配、检查和论证自己。

然而，中学生思维的独立性和批判性还是不够成熟，知识和经验不足，看问题还常常只顾部分、忽视整体，只顾现象、忽视本质，容易产生片面化和表面化。

5. 思维的发展是人类进化的标志。

每个人刚来到这个世界时，眼中的世界还是一片混乱，人们的成长过程实际上是在做这样的一个工作：把感官得来的印象在头脑中进行分类，整理出一个头绪来，这是思维活动的结果。

现在人们的思维，已经包括了解决问题、认知策略及创造性，有了这样的能力，我们认识事物、处理问题越来越驾轻就熟，生活更加精彩。

八、如何培养孩子的思维力

1. 经常指着头问小孩子"这是什么，干什么用的，现在思考怎么办"？打开孩子的思路，形成习惯。

2. 动手能力培养。有句成语叫"心灵手巧"，意思是说，心负责思维。思维和手确实联系密切，这已经通过现代生理心理学的研究得到证实。人们常说"眼过千遍，不如手过一遍"，说明动手的重要性。

动手能力不是天赋。动脑不见得动手，但动手一定得动脑，如果父母对孩子一味溺爱，样样包办代替，什么都不让孩子动手，唯恐出事，那么孩子的思维就难以发展。如替孩子背书包、做作业。这样孩子就失去了实践和锻炼的机会。

除了让孩子做家务外，还应该鼓励孩子动手制作、动手实验、动手发明创造一些作品。让孩子动手不仅仅是为了动手，更重要的是为了发明。如家里电器、玩具坏了，鼓励孩子动手去拆着研究。除此之外，还可以让孩子做些折纸、搭积木、下棋等动手活动。

3. 父母要学会倾听孩子的心声。孩子想什么、喜欢什么、讨厌什么、玩什么、和什么人玩、喜欢玩什么游戏等都应了解。做到认真聆听、舍得花时间、善于找机会，积极创造一种宽松、宽容、宽厚、宽宏、交流的氛围，不仅可以使孩子产生极大的交流欲望和兴趣，而且可以让孩子在这样的环境中得到情感的启迪和思想的熏陶。如带孩子出外游玩时，可以给孩子讲讲花草树木发芽吐蕊的知识，可以与孩子讨论太阳、聊聊月亮，听听他们充满童趣的奇异思想。

4. 尊重孩子的想象力。孩子的想象力是丰富而大胆的，教育要崇尚自然、顺乎天性。如孩子有时和动物说话，父母要抓住这个机会试着问"你是怎么想的呀"？引导孩子想象思维。又如孩子拿起玩具电话，对着话筒说"喂，你是谁呀"，并进行一番煞有介事的对话，最后说"再见"！在这其中，孩子还告诉妈妈"刚才是一只大灰狼打电话，它要我给它开门，我没有上它的当"。

5. 右脑是思维的翅膀，开发右脑训练左手。右脑发达的人，具有独创性。从小让孩子接受各类艺术熏陶能很好地激活右脑的强大功能，如弹钢琴、唱歌、跳舞、绘画或打球等。左右脑各有分工，右脑掌管着图像、感觉、视觉记忆、识别容貌、空间想象、创造思维、肢体协调、情绪处理等功能。左手是受右脑支配的，因此训练左手对开发右脑具有积极意义。如有意识地用左手拿筷子、提水、剪指甲、写字等，每天坚持用左手做事 5 分钟，就会逐渐开发右脑的功能，简单的方法是左手刷牙、洗脸、抓痒，左耳听音乐。左撇子的人可不必训练。

右脑被称为"艺术的大脑"，潜藏着巨大的秘密。右脑与人的左半身神经系统相连，掌管着左半身的神经系统和知觉。如左耳、左眼、左手、左脚等都受右脑主宰。右脑处理信息能力强，能以图像的形式进行存储和深层加工。

左脑被称为"知性的大脑"，在语言、书写、计算、思维、判断等方面起主导作用，储存于此的信息属于浅层记忆。左脑缺乏处理信息的能力，而右脑在这方面比左脑强。

右脑潜能巨大，如果能好好地开发孩子的右脑，一定会有意想不到的收获，能发挥出人身上较高的才华。

人的生命只有一次，我是地球上唯一的我，我怎能舍得让我的生命平庸、丑陋，我要让我的思维之花绽放出美丽的花朵！

九、同步练习（可单选或多选）

1. 思维是（　　）

A. 过去的经验在头脑中的反映

B. 人脑对客观事物的本质和内在联系的认识

C. 人脑对客观事物的本质特性的认识

D. 以往感知过的事物在头脑中再现的过程

2. 思维的特征是（　　）

A. 间接性　　B. 概括性　　C. 直接性　　D. 具体性

3. 根据思维形式分，思维包括（　　）

A. 形象思维　B. 动作思维　C. 创造思维　D. 抽象思维

4. 按照已知的信息和熟悉的规则进行的思维是（ ）

A. 求同思维　　B. 求异思维　　C. 发散思维　　D. 辐合思维

5. 已有的知识和经验对解决问题的影响是（ ）

A. 迁移　　B. 定势　　C. 定型　　D. 原型启发

6. 瓦特改良蒸汽机是利用（ ）

A. 迁移　　B. 定势　　C. 定型　　D. 原型启发

7. 人在觉醒状态下的觉知是（ ）

A. 想象　　B. 表象　　C. 意识　　D. 思维

8. （ ）孩子们的思维尚未定型，有很强的可塑性。

A. 儿童期　　B. 青春期　　C. 幼儿期　　D. 婴幼儿期

9. 幼儿时期思维的特征是（ ）

A. 直觉形象思维　　B. 具体形象思维

C. 抽象逻辑思维　　D. 具体和抽象两种思维的交叉

10. 幼儿给"鱼"下定义说"鱼是一种会游泳的动物"。幼儿的概括水平为（ ）

A. 初步概括水平　　B. 根据具体特征下定义

C. 不会下定义　　D. 同义反复

练习题参考答案
1. B　　2. AB　　3. ABD　　4. AD　　5. A　　6. D　　7. C　　8. C
9. B　　10. B

第三课 学习工作怎能离开注意

◎课程导读

本课主要介绍注意定义、特性、种类和特征等基本内容。正确理解注意、有意注意、无意注意和注意分散等基本概念。了解注意力不集中的表现和危害。

◎重点知识

有意注意和无意注意区别
注意稳定性和注意分散概念
注意分配及条件
如何培养、提高注意力

一、认知注意

1. 许多家长发愁"孩子聪明，就是学习为什么不好"？因为孩子的注意力不集中，会使课堂效率低下、使阅读能力难以提高。因此，注意力培养是一件十分重要的事，它关系到孩子智力的发展和学习效果。

2. 注意力是智力结构的基础能力。学习、工作不能离开它，如听课注意、考试注意、调查注意、汇报注意、拐弯注意、注意带钥匙。暴风雨来了，请注意！注意与日常生活息息相关，一刻也不能离开它。

3. 注意是一种心理状态，不是心理活动，也不是心理特征，它伴随其他心理活动同时出现，不能单独存在。如注意看、注意听，看和听都离不开注意。

二、注意定义

1. 注意是心理活动对一定对象的指向和集中。注意的特性包括指向性和集中性。所谓指向性，就是指感官通道容量的限制，心理活动只能选择、跟踪某些对象。所谓集中性，就是指心理活动全神贯注地聚焦在所选择的对象上。

注意是一种心理状态。注意不是一种独立心理过程，注意不反应任何事物，也不反映事物的任何属性。注意伴随着心理活动过程并贯穿始终。离开注意，心理过程无法进行。

2. 注意和意识的关系密不可分，在注意状态下，意识内容清晰。注意是心理活动的特性，意识是心理活动的觉知，觉察得到。如意识到恶劣情绪的发生，意识到危险来临。

3. 意识是人在觉醒状态下的觉知，包括对外界事物和自身内部的觉知，是人的心理和动物心理的根本区别，因为动物没有意识，所以，意识是自然界进化的最高产物、最高阶段。

如梦，睡眠中人人都做梦，梦境有许多特点，包括梦境的不连续性、不协调性和认知的不确定性等。梦是一种正常生理现象和心理现象。因为一部分神经没有休息仍在活动产生的。

梦有五种情景：过去景、现在景、未来景、重复景、立显景。

三、注意功能和外部表现

1. 注意的功能：选择功能、保持功能、调节功能、监督功能。

2. 注意的外部表现：

（1）适应性，当人集中注意时，表现出侧耳倾听。

（2）无关动作停止，当聚精会神时，表现出一动不动。

（3）呼吸轻微，当全神贯注时，表现出屏息、牙关紧闭等。

根据注意的外部表现，很容易判断一个人的专注度。注意外部表现和注意内心状态有时是不一致的。

四、注意的种类

根据注意有无目的性和意志努力程度，注意分为以下三种：

1. 有意注意。

有预定的目的，需要意志努力的注意。如上课听讲。有意注意是注意的一种高级发展方式，是人类所特有的一种心理现象。引起和保持有意注意的方法包括以下三种：

第一，需要加深对活动的目的和任务的理解；第二，需要培养间接兴趣；第三，需要培养认真、顽强性格，用自己的意志排除干扰。

2. 有意后注意。

随着动作熟练，成了自动化的动作，这时转化为无意注意，不需要意志努力了，这种注意称谓有意后注意，是在有意注意的基础上发展起来的。

有意后注意指有自觉的目的，但不需要意志和努力的注意，也称为随意后注意。这种注意是有意注意转化而来。例如，在上音乐课时，最初需要有意注意，在对音乐发生兴趣以后，就不需要意志努力了，而这种注意仍是自觉的和有目的的，所以叫随意后注意。

由此看来，有意后注意有无意注意和有意注意的某些特征，可以轻松地完成任务。

3. 无意注意（不随意注意）。

是指事先没有预定的目的，也不需要意志和努力的注意。无意注意是注意的初级表现形式。

引起不随意注意的原因有以下两点：

第一，刺激物本身特点、强度、新异、对比等；第二，人本身状态，包括情绪情感、个人期待等。

五、注意的特征

1. 注意的广度又叫注意的范围。范围一般 5 到 9 个项目。

2. 注意的稳定性，维持多长时间的特性。注意的稳定性是相对的，在稳定的条件下，感受性也会发生增强和减弱的现象，这种现象叫注意的起伏或者注意的动摇。如把手表放在耳边，开始听得清晰，后来出现时隐时现。

和注意的稳定性相反的是注意分散（分心）。就是注意离开了当前指向和集中的对象，而指向与当前无关的现象。如上课看手机。

影响注意的稳定性有三个因素：（1）刺激物丰富变化还是贫乏单调；（2）活动目的、任务明确，就容易保持长时间注意；（3）个体的兴趣、情绪和身体状态也会影响注意的稳定性。

3. 注意转移。

根据任务的变化，注意从一个对象转移到另一个对象上去的现象。注意转移不同于注意分散，转移是有目的、有任务的，分散是离开了当前的任务，无目的的。如讲课时，老师说"现在翻到第 89 面"。这是把注意从黑板上转移到教材上。

4. 注意的分配。

在同一时间内，把注意指向不同的对象，同时从事几种不同活动的对象叫注意的分配，这就是平时所说的一心二用、一心多用。如边听边写、边弹边唱。但是，注意的分配是有条件的，如边说边吃就做不到，说的同时不能吃，吃的同时不能说。所以，注意的分配满足以下条件。

（1）所从事的活动中必须有一些活动是非常熟练的。

（2）所从事的几种活动之间有内在联系。

（3）两种活动不在同一个加工区内。例如一边开车一边说话，开车是用手，说话是用嘴。不在同一个加工区内，能做到。但如边写边画，两种活动都是用手，在同一个加工区，写的时候就不能同时去画画。

六、注意力的发展概况

1. 婴儿专注力的发展与培养。

1 岁前的婴儿以无意注意为主，细心的照顾是婴儿注意力发展的前提。研究发现，当婴儿安静、高兴的时候更容易集中注意力。父母要抓住机会进行引导，错过这个机会，当你有兴趣的时候，孩子如果没有兴趣，那时候再去努力就欠把火了。

婴幼儿探索世界的欲望大人是无法体会的，如常把手指头塞进嘴里。只要是手里有东西都要先放在嘴里去，用这样的方式去探索外面的世界。如果长期处于焦躁不安的婴幼儿，注意力很难发展。因此，父母需要注意为婴幼儿提供一个安全、愉快的环境，耐心引导婴幼儿观察周围的世界。

1 岁以后，婴幼儿注意的目的性和稳定性逐渐增强，此时，父母可为婴幼儿提出明确具体的要求，让他完成。一般来说，在游戏中婴幼儿保持注意力较高，利用这一点，进行注意力训练。如画画、拼图、听儿歌等游戏都能让他们集中注意力。

同时，应给予他们专心玩耍的时间和空间，最好不要生硬地打扰他们。如他们喜欢把玩具都堆在自己身边，父母不要去干扰。

培养婴幼儿的注意力，首先要注意他们必须有一个良好的精神状态，时间不能太长，要动静搭配，维持几分钟后，如果不想玩了就不勉强。让他们在有节奏的活动变化中，使注意力的保持、转移等能力都得到发展。

2. 小学生专注力的发展特点。

进入小学阶段以后，儿童的有意注意有了很大的进步，但无意注意仍有席位。直到小学五年级，儿童的无意注意逐步被取代，有意注意开始占主导地位。就引起儿童注意的动因而言，那些具体生动、直观形象的事物容易引起儿童注意的同时，儿童的注意还带有明显的情绪色彩。主要包括：

（1）注意的集中性。体现在儿童注意持续时间的延长，一般情况下，4 到 7 岁，集中注意的持续时间为 10 分钟；7 到 10 岁约 20 分钟；10 到 12 岁约 25 分钟；12 岁以上可再延长 5 分钟。

（2）注意稳定性的发展。随着年龄的增长，儿童的注意稳定性显著增长，一般情况下，小学阶段女生的注意稳定性要优于男生。

3. 中学生注意力的发展特点。

（1）中学生注意的目的性逐渐增强并趋于成熟，有意注意在学习、生活中发挥重要作用，无意注意进一步地深化并达到成人的水平。

（2）中学生的注意品质不断改善。注意的广度、分配到了成人的水平，能根据学习的目的、要求及时而又迅速地转移注意力。随着年龄的增长，注意趋向稳定，注意的稳定性对初一学生成绩的影响比学习能力对学习成绩的影响更加明显。在初一、初二阶段，注意稳定性的提高最为显著，高中阶段的增长速度逐渐减慢。初中阶段，虽然注意的广度已经接近于成人水平，但受本身知识经验和直觉对象的特点的影响仍然比较大。初中低年级的学生，注意的广度较狭窄，随着知识经验的积累，他们注意的广度也在不断提高。

七、重点培养孩子的注意力

注意是人们非常熟悉的心理活动，它是心理活动对一定对象的指向和集中。由于注意力的集中，可以保证对事物进行全面的审视和思考，从而获得深刻的认识。因而注意在学习活动中具有重大的作用，它是掌握知识的必要条件。孩子在校学习成绩的好坏，一般都和上课时注意力是否集中有很大的关系。

1. 营造安静舒适的环境。孩子以无意注意为主，一切好奇的、多变的事物都会干扰孩子正在进行的注意活动，因而家庭环境的布置要干净、整洁、明快。不要频繁带孩子出入成人活动的场所，或者在家中聚会娱乐，以免影响孩子的正常生活。

2. 让孩子做他感兴趣的事。注意与兴趣关系密切，兴趣是孩子注意的源泉，能左右孩子的注意。孩子对感兴趣的活动和游戏，注意力不但容易集中，而且维持时间较长，所以家长在培养孩子注意力时，要从孩子感兴趣的事入手，而不是强迫其做不愿意的事。

3. 引导孩子专注做事。及时肯定、注意关心孩子的注意活动，对孩子做事过程中的专注提出表扬，遇到困难时鼓励孩子坚持把事做完、做彻底。

4. 明确活动目标。发展孩子的有意注意，比如剥花生壳时，先规定并鼓励他坚持剥一小碗花生仁。

5. 视觉注意力训练。告诉孩子注意细心观察事物。如让孩子看一些图片或者周围的景物后，提出问题，让孩子说说图片上是什么或者有哪些景物，说得越多越好。

6. 听觉注意力训练。讲故事前告知孩子，故事讲完之后有问题要回答，或者要求复述一遍。这样做的目的是提高孩子的有意注意，引发孩子的探索兴趣，从而培养其专注力。

7. 动作注意力训练。要求孩子完成特定的如体操、舞蹈动作，他们只有高度集中注意力才能做到。

8. 混合型注意力训练。把眼睛看、耳朵听和肢体动作结合起来，边说边做，让孩子跟着做。如家长拍一下孩子的手，让他说出五官部位的一个名称。又如"喊123拍手，喊其他不许拍手"，喊时故意喊"125、126、123、128"等。还可以加大难度，喊三连数拍手。

再如"左手拍肚子，右手捶胸；右手拍肚子，左手捶胸，循环往复，逐渐加速"。这个游戏难度较大，需要身体多个器官参与活动，才能完成。假如眼睛没有参与看，速度就慢，甚至一个劲儿地出错。

9. 许多运动项目也是培养孩子专注力很好的训练。如打球、下象棋，离开了注意就玩不下去。因为无论打什么球，眼睛都是一直盯着球、注意着球。

心理学家们研究证实，任何有意注意都不可能持续超过 20 分钟。若穿插一些活动，注意力可以维持几个小时。许多家长发愁，"孩子聪明，可是学习为什么不好"？经过分析可知十有八九是注意力出了问题。

对青少年来说，要感知事物、思考联想，如果注意力不集中、不能指向感知的对象，做起事来肯定慢于其他孩子，因此，那些十分机灵但注意力总不能集中的孩子学习就不见得好。

集中注意力都有哪些好处呢？

首先，可以激发孩子的好奇心，主动地探求未知，提升思维能力，深入思考问题。如搭积木时，孩子能垒得更高或组成各种新图形。可见，注意力集中可以提高学习能力。

其次，可以提高孩子的自信心，更能体验到成功的快乐。

人的注意力是很难长时间集中的，尤其是孩子。"走神"是正常的现象，表现为稳定性差、无法持续做事、粗心大意。请重点培养孩子的注意力。具体做法是：

（1）抽屉、书桌少放东西，尤其是玩具，以免孩子随时翻动；不让孩子一边说话一边做作业；让孩子远离电视学习。

（2）要给孩子时间限制。父母不要在孩子身边"站岗"。培养孩子的时间观念，要高度集中注意力。

（3）父母不要唠叨。不能让孩子养成听几遍才弄清的习惯，因为老师讲课只讲一遍。训练孩子良好的理解力，鼓励孩子用自己的话描述听到的内容。

（4）保持充足的睡眠。有的孩子贪黑熬夜，学到深夜，早晨起来头昏脑涨，一整天都打不起精神。作为学生最重要的是白天学习，必须做到劳逸结合。

（5）父母要树立榜样。在孩子眼里，父母是最厉害的。等孩子上学了又认为老师最权威，常说"我们老师说的"，孩子会通过观察父母和老师，来模仿他们的行为举止进行学习。

（6）简单、清晰、明确地发出指令。含糊其词地教育孩子，孩子就会不集中注意力。做事前，提醒孩子应注意什么。

（7）让孩子独立做事。没了依靠，孩子的责任心、注意力都会提高。如钥匙掉了，让他承担后果，他会长记性。

（8）一分钟训练。如一分钟写多少字，一分钟说多少词，一分钟走几步等。让孩子感受一分钟可以做许多事。

（9）有意注意训练。把下面这组数按从小到大的顺序重新排列"20、15、23、6、12、11、21、19、7、16、3、1、10、2、9、18、14、8"，用时 30 秒为正常。

（10）听觉注意力训练。读一篇短文，让孩子听后说出听到的"的"出现几个。

八、注意力不集中的表现及危害

孩子注意力不集中的表现如下：

1. 上课坐不住、东扭西扭、小动作多、一见老师就头疼；回家写作业磨蹭；做作业拖拉、磨蹭、东张西望、写写停停、边写边玩、慢慢悠悠，总是写不完。

2. 粗心大意，眼皮底下的东西都看不见，经常漏题、漏看小数点、阅读速度慢、细节辨认能力差、总是"没眼色"，不长眼似的。

3. 上课溜号、发呆、一会儿想东、一会儿想西，看起来在听课，实际漏听了很多，作业抄错、算错，考试看错题、写错，都是粗心犯的错。一听讲就走神，一写作业就发呆，都是注意力问题。

4. 对外界刺激反应迟钝，一个问题没懂，就死盯，不再关注老师讲的其他内容。上课半天了还在想着下课的事情或者还沉浸在上一课的问题中。

注意力不集中的原因甚多，首先生理方面的天生好动或者大脑微功能障碍方面也有可能。其次应了解，注意力持续时间的长短与孩子的年龄有关：5到10岁是20分钟，10到12岁是25分钟，若持续30分钟的话，注意力就有分散的可能。

注意力不集中的表现多种多样，有人丢三落四，有人恍惚神游，有人多动，有人记忆力下降，感到司空见惯、可笑。注意力不集中造成的后果让人焦虑、苦恼，影响工作、学习和生活，于是压力来了，危害来了。

注意力不集中的危害如下：

（1）注意力不集中导致孩子的学习成绩下降将不可避免，老师的责难和冷眼甚至家长被叫到学校问话，这样孩子的压力越来越大，对上学越来越恐惧，导致心理不健康。

（2）注意力不集中带来的压力使孩子身体不健康。容易引发紧张性头疼、失眠、神经衰弱，入睡困难、睡眠不稳，稍有点动静就会惊醒，对响声敏感，会产生联想，心悸心慌。身体疲劳无力、头疼头晕、心情烦躁、容易发怒、冲动，等等，这对一个人的人格自信来说，也是一个致命的打击。

（3）精神紧张是造成神经衰弱的主要原因。如果一直处于精神紧张中不能自拔，内心的矛盾冲突愈加激烈，即可发生失眠、焦躁、头疼症状，久而久之就成了神经衰弱。

如果出现了以上所说的症状，不必担心，过一段时间调整一下就好了。不要自我暗示患了疾病，许多误诊的病人被吓死的病例就是典型的心理暗示的作用。

神经衰弱的症状如精神疲劳、容易疲倦、神经过敏、头部不适、出现失眠等。很多孩子的这种身体状况基本上都会伴随着注意力不集中，或者是注意力不集中导致的压力，压力导致失眠，失眠又带来更多的压力，进而导致大脑疲劳不堪，而这反过来又影响了心理健康和注意力。

另外，注意力不集中会使孩子的课堂效率低下和阅读能力难以提高，这是众所周知的危害。如何解决这个问题，一句话，就要提高孩子的专注力。

九、如何提高孩子的注意力

1. 自己的事情自己做。很多孩子已经十几岁了，衣服、袜子都是妈妈洗，自己不洗。应给孩子一些责任，有益于培养他们独立的能力，还能促使注意力的提高。孩子在慢慢地长大，再小的孩子也能承担一定的责任。不过应注意以下几点：

第一，交给的任务应该是他力所能及的；第二，慢慢放开手脚，避免陪读学习的习惯；第三，不要过于关心，分散他们的注意力，孩子正在动脑学习，一会儿问渴不渴、一会儿问饿不饿、一会儿问写了多少、一会儿问难不难、一会儿说注意保护眼睛、一会儿又跑到他身边看、一会儿又拿件衣服给他披上。如此这般，既分散了他们的注意力，又弄得孩子心烦意乱，哪里还能专心学习呢？第四，让孩子懂得感恩。父母所做的一切都是为了他们学习，而学习是他们的义务和责任，受益的也是他们自己，每个人在一定的年龄都有一定的责任和任务，有了动力就能专心学习；第五，培养孩子的责任意识。有了责任感，注意方面的问题他自己就能解决，如孩子丢三落四、粗心大意，丢了东西得自己找回，找不回就没有了，上学书包忘带了自己回家拿，让他承担后果，自然长点记性，没了依靠，注意力就逐步提高了。

2. 合理分配时间。有的家长认为，孩子上课、作业、睡觉都是学校规定好的，无所谓我们去考虑。其实并非如此，你的孩子你最清楚，什么时间最佳、什么时候心情最好，你是再也清楚不过了。大家都知道，同样的时间，心理状态不同，学习效果就不一样。心境平和时学习效率高，情绪波动时学习效率低。另外，一个人在一天内，生物钟也会发生变化，把握好孩子的情况，合理安排孩子在家的学习时间很有必要。

让孩子做个时间统计表，把每天做的事情的时间一一记录下了，就会惊讶地发现，有些时间既没有学习也没有娱乐，更没有休息，这些间隙时间成为空白，十分可惜。怎么利用呢？如在口袋里放一些英语单词卡片，没有事的时候或者在等人的时候拿出来读一读，与同学一起回家的路上边走边讨论讨论，把点点滴滴的时间利用起来，提高自己的注意力。

一个注意力不集中、时间观念不强的孩子，不但做作业慢，做任何事情都慢，所以平时生活中都要注意提高训练。如对孩子进行 1 分钟专项训练，让他们感受 1 分钟可以做多少事。

（1）每天准备几十个简单的口算题，规定 1 分钟，看孩子最多能做多少道题。

（2）1 分钟写汉字训练。记下每次的情况，进行对比。

（3）1 分钟写名字训练。可以提高书写速度和注意力。

以上训练可以让孩子体会到时间的宝贵，原来 1 分钟可以做这么多事，因此要珍惜时间，同时也提高了孩子的写字速度和做题速度。

3. 一次只做一件事。有这样一个故事：上级安排两人去采访群众。其中一个人看到排着长队的群众问"什么事你们说吧"，结果忙了半天还遭到了投诉；另一个人一次只听一个人说话，其他人他不理，回答完这个人的问题，就立即转向下一个人，哪怕刚才的人没听清楚，他也不会再理会，于是很快出色地完成了任务。

领导问他"你是怎么做到的"？他回答"我并没有和很多人打交道，我每一次只和一个人打交道，忙完一位，才换下一位"。

看完这个故事，你也明白为什么要引导孩子一次只做一件事，一次只做一件事，就能避免事多而影响孩子集中注意力。一次只做一件事，可以提高效率，这是技巧。很多时候一次做两件事看似能提高速度，实则"欲速则不达"。

因此，一次只做一件事，是一剂良药。因为集中注意力需要两个条件，一是即时目标，二是注意力的强度。思考最大的敌人就是混乱，不要将心力分散在几件事上，那样会降低效率徒增烦恼。如果我们能够将身体与心智的能量锲而不舍地用在同一件事上，全神贯注，那就叫专注。

4. 让孩子主动提高学习效率。通常来说，学习好的孩子并不一定是学习最用功的孩子。有些家长不了解孩子的心理规律，限制孩子的娱乐时间，逼着孩子学习，孩子看似在学习，其实心早飞走了，坐在书桌前，"身在曹营心在汉"。

作者告诉大家一个秘诀：学习是靠智慧的，苦学未必出成绩。

在学习时，让孩子把注意力都集中在学习上，做到心无二用；在玩的时候，痛痛快快地玩。当孩子的学习效率提高了，对学习感到轻松了，就激发了他们学习的积极性，主动学习。

父母要帮助孩子化解学习中存在的压力，分割学习目标，一点一点地完成学习任务。比如，孩子说"老师也真是的，一次布置20道题，怎么做得完"？

妈妈说"是啊，这样吧，你一次做7道，拿给我看"。在妈妈的鼓励下，孩子做起来了。

不一会儿孩子做好了，妈妈看后说"不错，我相信你做下面题会感到轻松的"。

又过了一会儿孩子做好了，妈妈看了夸奖道"做得真快，只剩下6道题了，不是小菜一碟吗"。结果孩子20道题全做了。妈妈说"我儿子就是聪明，啥事能难得住你呀"。

从此，孩子都能快速地完成家庭作业，并且他能自由地玩耍。

这位妈妈的聪明之处在于帮助孩子从心理上减轻了负担，从而提高了孩子的学习效率。

5. 培养孩子学习的兴趣。学习的兴趣和向上的积极性，像父母撒在孩子心田的一粒小小的火种，父母小心呵护这小小的火苗，保持燃料的干燥、通风，还要"哄"着他，一点点燃起了、旺起来，最后成为熊熊烈火。因此，首先要了解孩子喜欢什么，什么才能成为"熊熊烈火"。

作者不赞成有人说"刻苦"学习，因为"苦"字说明不喜欢，既然不喜欢怎么可能学会呢？凡事都强迫自己，这有什么意思呢？因此，如果学习若能给孩子带来快乐的话，那么一定会喜欢学习。怎样才能快乐呢？喜欢呢？

经作者潜心研究得出两条经验：唤醒孩子的人格自信。教育的目的就是不教育，让孩子完成自我教育。一旦实现，孩子们会全身心地投入体验，验证自己的思考，产生好奇心，惊喜地感受到知识的乐趣，自觉自悟。如何唤醒呢？作者在"唤醒教育"中有详细介绍。

其次，表扬教育，多表扬少批评。有些家长一看到孩子玩就说"光知道玩"；看到孩子画的画就说"真难看"，这一句随意的话就打消了孩子的兴趣和积极性，让孩子感到失望。家长只知道"恨铁不成钢"，却不知好钢已在批评中钝化了。久而久之，孩子觉得自己没有什么东西可以给别人，只能索取，产生低能量，失去了人格自信，在学习中有压抑感，于是厌恶学习。

6. 有意识地进行注意力训练。

（1）有意注意训练。

例1，游戏规则：耳朵像3、鼻子像6、眼睛像9，大人说出数字几，就让孩子相应的找出自己的五官器官。如说3摸耳朵，其他类推。

例2，游戏规则：一个人发出命令，其他人做动作，右手为有效命令，左手为无效命令。

当发命令者举起右手并说出命令时，其他人跟着做。

当发命令者举起左手并说出命令时，其他人不做或者任意做其他动作，但不能做发命令者要求做的动作。

做错的人会嘿嘿笑，承认自己没有注意。这个游戏可以让玩游戏的人的大脑适当放松，从而锻炼有意注意的同时，感受到父母的关爱，把父母当成自己的朋友。

（2）注意广度训练。

例3，游戏规则：盒子里放少许黄豆、玉米，一个人迅速打开盒子，让另一个人看两秒，然后又迅速合上盖子，让看的人说出盒内有几颗黄豆、几粒玉米。

两个人可交换进行，并不断变换盒内黄豆、玉米的个数。

（3）注意分配训练。

例4，游戏规则：一边听故事，一边做加法运算，最后说出听到有几个"的"和复述故事。

相互交换进行，最后比比谁算得快、准、多。在日常生活中，可让孩子一边洗衣服一边背书，不仅做了家务，注意力的分配能力也能得到提高训练。

（4）视力引导训练。

例5，游戏规则：把6后面的数字划去。

3591563692453650236652536220634623675006298643658767
7608684316754612460968006876906564321065390643168 0563

（5）注意转移训练。

例6，游戏规则：随便写两个数字，一个写在上面，一个写在下面，例如2和7。

第一种写法，把它们加起来，两数之和写在上面数字的旁边，并把原来上面的那个数写在下面那个数的旁边，如此不断进行。当两数之和大于10时，则记个位数。

2、9、1、0、1、1、2、3

7、2、9、1、0、1、1、2

第二种写法，把它们想减，两数之差写在下面数字的旁边，并把原来下面的那个数写在上面那个数的旁边。如此不断进行。

2、7、5、2、3、1、2、1

7、5、2、3、1、2、1、1

与另一个人一起玩，一个人先发出指令"用第一种写法"，30秒后发出"用第二种写法"。指令已发出，写的人就在当前位置画一条线，迅速转换到另一种写法，这样不断进行。

最初练习可以只做3分钟，每周3次。3周后增加到5分钟，每周4次。

（6）动手能力训练。

例7，游戏规则：将铁钩勾在铁环上，右手抓住铁钩把手，弯腰向前推，左手在最初转动时帮着扶住铁环，推动后借助滚动的惯性跟着追跑。

这个游戏是锻炼控制器械追逐跑的能力、协调能力，发展孩子的动脑能力，提高孩子的注意力，有一定的难度。

（7）穿针游戏。

把线穿过针眼，这是培养专注力的一个极好方法。

世界是属于思维的，也是属于注意的，但是归根结底是要注意的。注意属于学商能力，一个人的学习好坏，取决于注意学习还是不注意学习。

注意力是学习的电池！

十、同步练习（可单选或多选）

1. 人在觉醒状态下的觉知是（　）

A. 想象　　B. 表象　　C. 意识　　D. 无意识

2. 注意是（　　）

A. 心理过程　　　　　B. 心理状态

C. 反映事物属性　　　D. 不反映事物属性

3. 有意注意不同于无意注意，是在于（　　）

A. 有目的性　　　　　B. 无目的性

C. 需要意志努力　　　D. 不需要意志努力

4. 注意离开了当前应当指向和集中的客体，而指向无关的客体是（　　）

A. 注意分配　　　　　B. 注意分散

C. 注意转移　　　　　D. 注意动摇

5. 注意分配的条件包括（　　）

A. 有两种活动有内在联系　　B. 有一种以上活动非常熟练

C. 两种活动在同一个加工区　D. 两种活动不在同一加工区

6. 小学生的注意特点是（　　）

A. 有意注意

B. 无意注意

C. 无意注意达到成人水平

D. 五年级时有意注意才占主导地位

7. 培养孩子的注意要做到（　　）

A. 营造安静的环境　　　　　B. 做感兴趣的事

C. 明确活动的目的　　　　　D. 一次只做一件事

8. 注意力不集中有哪些表现（　　）

A. 上课东扭西扭　　　　　　B. 粗心大意

C. 抄错题　　　　　　　　　D. 恍惚神游

9. 注意力不集中有哪些危害（　　）

A. 成绩下降　　　　　　　　B. 容易心慌失眠

C. 神经衰弱　　　　　　　　D. 阅读能力难以提高

10. 提高注意力应做到（　　）

A. 自己的事情自己做　　　B. 合理分配时间

C. 一次只做一件事　　　　D. 加强注意力的各种训练

练习题参考答案

1. C　　2. BD　　3. AC　　4. B　　5. ABD　　6. D

7. ABCD　　8. ABCD　　9. ABCD　　10. ABCD

第四课 天天忙碌为啥没记住

◎课程导读

本课介绍记忆概念、种类、过程等基本知识。正确理解记忆、识记、再现、再认等概念，重点掌握记忆系统和记忆环节，了解记忆与感知觉、记忆与大脑之间的关系。

◎重点知识

记忆定义、环节以及影响记忆的因素

记忆系统和记忆的发展指导

如何培养、开发记忆的潜能和提高记忆力。

一、大脑与记忆

大脑由上亿个脑细胞组成，人脑的"计算机"功能远远超过电脑。处于激活状态下的人脑，每天可以记住4本书的全部内容。

大脑包含左右脑，左脑称为"知性的大脑"，在言语、书写、计算、思维判断等方面起主导者作用，储存于此的信息属于浅层记忆。

右脑称为"艺术的大脑"，潜藏着巨大的秘密。右脑处理信息的能力比左脑强，能把记忆的信息深层加工，以图像的形式储存起来。

大脑控制着人类所有的动作和思维，从我们伸出一根手指头到做算术题，再到回忆过去美好的时光，这之间脑和记忆发生了什么联系呢？记忆在一定程度上决定了人的身份、智力、情绪，那么，记忆到底在哪里呢？

科学家们做了一项实验，让实验者用手接触物体，然后把它和对应的图片联系起来。发现左右手完成这一动作的方法不同。左手更适合将触觉和视觉联系起来。

研究发现，记忆是分散的。瞬时记忆的加工需要大脑皮质的神经系统；语义记忆需要大脑皮质对覆盖在灰质外层的半球进行调节、加工；行为记忆的加工涉及位于灰质层之下的结构；情景记忆依赖额叶皮质、丘脑、海马状突起。

记忆是复杂的。记忆有三个主要过程：编码、存储、再现。

如果认为自己的记忆力越来越差了，那是你没有训练，越来越懒了。事实证明，通过训练和练习，记忆力是可以得到提高的。

记忆过程在大脑中发生，不同种类的信息，被接收、存储在不同的位置。正在记忆的发生在大脑的前部；新学的记忆发生在大脑两侧的额叶；视觉信息通过眼睛进入大脑后面（枕叶）；听觉信息进入颞叶进行加工；立体信息进入大脑顶部进行加工。

二、感知觉与记忆

记忆的基本要素有：时间、目的、内容、重要性、刺激源和强度。每一个要素都影响到人类的记忆力的质量。

视觉、嗅觉、味觉、感觉、听觉，通过这五种通道，把大千世界的信息积累，成为记忆基础的丰富原料。这些材料的"信息捕捉"正是通过人的五种感官来实现。

（1）触觉。这是人们最先使用的感觉，胎儿就是通过接触母亲的子宫壁来感受他所处的环境的，这也是他最初与外界交流所使用的方式。人的皮肤表面分布着大量接收器，如人的手指可以非常灵敏地感觉到细微的刺激。

（2）听觉。这是胎儿被激发的第二种感受，在子宫里可以听到声音。声音以波的形式在空气中振动传播，经过外耳道，使耳膜像鼓皮一样振动传给听小骨，从而把信息送到大脑。

（3）嗅觉。婴儿刚出生时就已经能辨认妈妈的气味。嗅觉完全依赖于呼吸，只有呼吸时才能闻到气味

（4）味觉。味觉要用到口腔内大约 1 万个味蕾细胞，味蕾每 10 天更新一次，直至人的生命结束。每个味蕾中都含有差不多 50 个细胞，它们能够向大脑内的神经元发送分类精确的酸甜苦辣咸等信息。

（5）视觉。尽管视觉是最晚发育的感觉，但是，视觉向大脑提供了 80% 的信息，眼睛也是人最有用的感官，眼睛每天能记录数以万计的信息。

三、记忆定义与记忆过程

记忆就是人脑对过去经验的反映。所谓过去的经验，是指学过的知识、听过的逸闻趣事、体验过的情感、操作过的动作和经历过的事物。记忆是人类智慧的根源，是心理发展的奠基石。

如果昨天教你的老师，今天你就认不得了，那么还有什么智慧可言。

记忆过程是一种复杂的心理过程，包括识记、保持、再认或者回忆三个环节。

识记是学习与取得知识和经验的过程；保持是知识和经验在大脑中存储和巩固的过程；再现是从大脑中提取知识和经验的过程，也叫回忆。再认是识记过的材料不能回忆，但是重现时能够确认的过程。

识记是保持、再认和回忆的前提，保持是识记、再认和回忆的中间环节，再认和回忆是识记和保持的结果和检验。

四、记忆种类

1. 按其内容分。

（1）形象记忆；（2）情景记忆；（3）情绪记忆；（4）语义记忆，又叫语词、逻辑记忆；（5）运动记忆，即对曾经操作过的动作的记忆。

2. 按其意识分。

（1）外显记忆，是指在意识的控制下，过去的经验对当前作业产生的有意识的影响，又称受意识控制的记忆。

（2）内隐记忆，是指个体并没有意识到，过去的经验却对当前的活动产生了影响，又称自动的、无意识的记忆。

3. 按其信息加工处理分。

（1）陈述性记忆，是指对事实的记忆。如人名、定义、定理等。

（2）程序性记忆，指对具有先后顺序活动过程的记忆，包括认知技能和运动两部分。

4. 按其对输入信息编码、存储时间长短分为三大记忆系统。

（1）瞬时记忆，保持时间 4 秒，鲜明形象，自然衰退，不能意识到。

（2）短时记忆，保持时间 1 分，听觉编码，干扰遗忘，能意识到。

（3）长时记忆，保持时间大于 1 分，语义形象，不能意识到。

五、记忆力的发展概况

1. 婴儿记忆力发展指导。

（1）鼓励婴儿使用多种感官参与记忆过程。在婴儿的识记过程中，多种感官通道的参与有利于优化记忆效果。在亲子教育活动中，鼓励婴儿运用多种感官参与活动，不仅是听或者是看，还要动手操作。比如在教婴儿认识一个物体时，让他们动手摸一摸，用鼻子闻一闻，用眼睛看一看，用耳朵听一听，这样婴儿记得更容易、更准确、更牢固。

（2）借助材料，帮助婴儿提升记忆能力。婴儿比较喜爱色彩鲜明、形象夸张的事物，若呈现给婴儿的材料是他们喜爱的、愿意注意的，那么，婴儿看过一次就会在脑海里留下鲜明的印象。

当父母为婴儿解释较为抽象的概念时，可以提供卡片或者是玩具、物体，以加深其印象，帮助其记忆。

（3）指导婴儿在游戏活动中发展记忆力。游戏是婴儿最感兴趣、自愿参加的、轻松愉悦的活动，也是发展婴儿记忆力最有效的方法。让婴儿在游戏中进行识记活动，比单纯让婴儿通过听或者看来识记所得到的记忆效果更好。

（4）帮助婴儿明确识记目的和任务。在进行记忆活动之前，让婴儿精力集中于实际任务中，带着问题听故事，有助于其有意记忆的发展。

（5）引导婴儿对记忆的内容及时复习。婴儿的记忆以机械记忆为主，重复性的记忆能让他们短期内记住一些东西，但是记忆精确性和正确性都不高，保持的时间也短。因此，注意多复习，避免遗忘。

2. 幼儿记忆力发展指导。

（1）必须让幼儿从熟悉的、能理解的、具体直观的东西开始。幼儿记忆以无意记忆为主，对兴趣的能吸引他们的东西，不自觉地就记住了。

例如，用 6 张动物卡片，按顺序把动物卡片的动物名字念出来，一边念一边把卡片按顺序拿给孩子看，两遍之后，要求孩子必须按顺序说出动物的名字。

又如，在公园里、马路上看到了、听到了什么，让他们一一讲出来，有困难时，帮助他们回忆。给幼儿记忆的材料，要尽可能具体形象。像桌子上放了几个玩具，请幼儿背过脸去，让他回忆。拿掉一个，让他转过身来，说出什么玩具不见了。既直观形象，又与游戏结合，饶有兴趣。经常这样，幼儿有意记忆的能力会迅速提高，记忆的目的性会增强。

（2）要求幼儿记住的，必须帮助他们理解。如背诵《春天在哪里》，到大自然中找春天去，春天在枝头、在柳条嫩绿，桃花盛开；在空气里，和风送暖，燕子翻飞；在水里，鱼儿追逐，鸭子戏水；在田间，麦苗返青，菜花金黄。家长结合文字讲一遍，孩子弄懂了意思，很快就背下来了。

（3）掌握记忆的规律和方法。如花30分钟记忆一份材料，很难一次性记忆牢。不如先花20分钟识记，第二天再花10分钟来重记。开始重复的时间间隔时间要短，次数要多，以后逐渐减少重复的次数，不要等完全遗忘了再重复。

（4）记忆进行时，培养孩子的自信心。研究发现，识记的信心会助长记忆效果，不要让孩子产生记性不好的自我意识，否则，孩子会在有意识记忆时，产生紧张情绪，失去想要记好的动机和意志，以致更记不住。比如孩子已经能背诵规定记忆的一部分，就不要去追问不会背的部分。这样，能给孩子有意记忆带来很好的效果，在下次记忆时情绪就比较饱满。

3. 小学儿童记忆力发展指导。

与幼儿相比，小学儿童的记忆能力在各方面都有显著提高，其主要体现在：

（1）记忆容量增加。虽然，儿童短时记忆容量要小于成人，但随着年龄的增长而不断增加，一年级、三年级、五年级儿童的数字记忆广度差异明显。研究表明，儿童对数字的短时记忆容量最大，字母次之，部首的记忆容量最小。

（2）记忆策略的发展。相比幼儿，小学儿童的复述能力、对材料的组织能力都明显提高，记忆表现出更加有主动性、灵活性和创造性。

（3）有意记忆更加重要。在小学低年级，小学生的无意记忆占优势，但随着年级升高，学业任务加重，有意记忆占主导地位。

（4）机械记忆和意义记忆共同发展。与幼儿相比，小学生意义记忆的方法和技巧也越来越多，在学习中的作用越来越重要。

（5）形象记忆和抽象记忆的发展。小学生低年级以形象记忆为主，到高年级时抽象记忆逐渐占优势。形象记忆和抽象记忆不是取代的关系，而是相辅相成的。

（6）元记忆的发展。元记忆是对自己的记忆过程的理解、认识和监控。元记忆是指儿童对记忆活动的过程、特点以及自身能力的认识。一半以上的幼儿对再认或者回忆困难，小学一年级有一半以上对再认或者回忆容易，二年级已经知道复述、分类是记忆的有效方法，大约到了六年级经常使用分类学习法，懂得分类学习比复述学习更有效。

4. 中学阶段是人的记忆力发展的高峰期。

（1）记忆的内容日益增大。暂时记忆广度接近成人，高中生处于记忆发展的"黄金时代"。高中生记住的材料的数量比小学几乎多4倍，比初中多1倍多，达到了记忆的高峰。

（2）对图形记忆要优于词语。即使同样是语言材料，视觉记忆也要优于其他感官收到的信息记忆。

（3）有意记忆占主导地位。有意注意和无意注意的品质都在提高，但以有意注意为主干。能逐渐学会依据不同的内容，由自己提出恰当的记忆任务，主动选择良好的记忆方法。

（4）理解记忆成为主要记忆手段。机械记忆在10岁左右得到快速发展后，一直保持较高水平，直到高中阶段，逐渐以理解记忆代替机械记忆。

（5）抽象记忆占主导地位。中学生形象记忆和抽象记忆都在发展，随着具体形象思维到抽象逻辑思维的发展，抽象思维记忆的发展速度也超过了形象记忆，并最终在学习上占主导地位。

六、运用记忆规律和开发记忆潜能

我们都有一个共同的感觉，已经记住的东西，隔了一段时间又忘了很多，这让很多学生烦恼。怎么办呢？解决这个问题没有捷径，主要方法就是复习。

研究表明，记忆无意义的内容在 20 分钟内，遗忘 42%；1 小时后，遗忘 56%；1 天后，遗忘 66%；2 天后，遗忘 73%……记忆会随着时间的推移逐渐消失，最简单的方法就是复习。

复习时采用限时复习法。要求自己在规定的时间内回忆一定材料的内容，分三步。

第一步，把材料事先归结为几点，使回忆时有序可循；第二步，按默诵或者朗诵的方式回忆；第三步，在大脑中用思维的方式回忆。

开始的时候，不宜把时间扣得太紧或者太松，太紧不能按时完成回忆内容；太松会产生畏难情绪，失去信心，达不到回忆目的。

假如出现完不成任务的时候，不要紧张、烦恼、赌气，那样会更糟。休息一会儿，深呼吸，做做健脑操，想想好事，等自己心情好了再复习。

总之，学习要勤于复习，只有这样，记忆才会更好，遗忘速度才会更慢。

在长时间复习一门功课时，容易疲劳，应该让不同学科交替进行。就是说采用间隔交替法读书，早上读语文，中午学历史，晚上做数学，学习中穿插一些体力劳动或者休息。因为长时间思考、记忆，大脑的血液会减少，记忆效果随之下降，适时进行体育锻炼活动，可以促进全身血液循环，消除疲劳，焕发精神，从而提高记忆效果。

记忆力是学习力的前提，没有记忆就没有知识，没有记忆，学习就无法进行。现在的学生学习任务繁重，各种考试应接不暇，如果记不住知识，一考试头脑就一片空白，学习成绩可想而知。

人的大脑就像一部电脑，遇到问题就会自动搜索答案，同时激活长时间记忆中的相关的原有知识，最后被理解了的新知识进入长时记忆中存储起来。简言之，新信息进入短时记忆，同时激活长时记忆也进入短时记忆，新旧信息相互作用，产生新的意义并存储于长时记忆系统中。可见，记忆在学习中的作用十分重要。

如何开发青少年的记忆潜能？

（1）相信自己一定能记住。记忆力、思维力是智力结构的高层能力，在这个层次塔中，塔上面的容易解决塔下面的问题，如果能从信念上改变，记忆力会大大提高，即"记忆的坚定性"。

（2）告诉自己一定要记住。学生都有这样的体会：考试前看书记忆效果比较好，主要原因是他们知道自己应该记住什么，并且非记住不可。这种紧迫感提高了记忆，即"记忆的明确性"。

（3）善于观察才能记住。观察力是智力活动的基础能力，是记忆和思维的基础，在眼睛接收信息时，要在脑海中打上一个"烙印"，这种烙印包含着理解和想象，即"记忆的深刻性"。

（4）善于想象才能记住。想象通常与具体形象联系在一起，在记忆活动中，经常碰到记忆的东西对自己没有多大的实际意义，也没有什么兴趣去理解，只有靠死记硬背了，如电话号码。碰到此类问题，要善于展开联想，和生活联系起来想，如鸽子象征和平，就好记了。

（5）提高记忆新窍门。法则：听明白是假明白，讲明白才是真明白。学到的新知识，开始都是似懂非懂，一知半解。这个时候对别人或者自己讲一遍，就能达到举一反三，提高记忆力。

学习新知识离不开记忆，记忆是思考的前提，记性好有助于提高学习效率。记性好除了及时复习外，还有记忆方法问题，下面是作者用 41 年的教学经验归纳、总结的记忆方法，供参考。

七、过目不忘的记忆法

记忆的方法很多，像天女散花一样，数也数不清。下面介绍的记忆方法，它具有实用易学、速见功效等特点，适用于在校学生以及一切渴望打开知识宝库的求学者。掌握了这些方法，你就可以在几分钟时间里，轻而易举地记牢 3—30 个词语、物理常数、外语单词……你就再也不用为学习和工作的"记忆力差"而苦恼了。

千百年来，人们一直在探索如何提高记忆力。在日常学习、工作或生活中，往往有人告诉你应该记住什么，却没有人告诉你应该怎样去记忆。直到现在，还有不少人认为记忆力的好坏是"天生"的。殊不知，每个普通的人都拥有强大的记忆能力，只要拨去世俗的雾障，掌握科学的记忆方法，人的记忆力就会放出奇异的光彩。

研究证明，目前，人的记忆力只发挥了全部脑机能的很少一部分，如果遵循记忆规律，运用科学的记忆方法进行练习，记忆力就会显著增强。你不妨在茶余饭后实验几次，就会立竿见影。不过，方法在于运用，记忆在于锻炼，如果你只是走马观花，不求甚解，那么，再好的理论也是没有用的。只要你勇于探索，勤于训练，在实践中，这些方法便会逐步改变你的思维方法和记忆方式。那时你就会惊叹自己的记忆力竟会这么好！

理解记忆法——若要记得，先要懂得。懂得的东西容易记忆，并且保持的时间也较长。理解是良好记忆的基础。

选择记忆法 —— 记忆潜力是巨大的，但每个人的精力又是有限的。人的大脑应该去记忆那些最有用的东西。

规律记忆法 —— 弄清事物各部分之间的关系，在理解的基础上找出规律，则记忆的效果就好得多。

特征记忆法 —— 有很多知识在整体上有相同，在内容上又非常相似，若找不出各自的特征就容易混淆，难以记忆好。

比较记忆法 —— 比较的方法很多，如对立比较法、对照比较法等，综合起来有两点：同中求异，异中求同。

归类记忆法 —— 就是把分散的趋于集中，零碎的组成系统，杂乱的构成条理。把知识梳成辫子，穿成串子，概括起来。

系统记忆法 —— 人类记忆的首要问题在于组织。通过对知识进行加工改造，使之明确、简化，形成网络，汇入脑海。但注意记忆的痕迹不能混淆。

循环记忆法 —— 当脑中的信息刚刚蒙上一层灰尘似忘没忘之时，立即刷新，及时复习。

背诵记忆法 —— 一种特殊的记忆方法。它要求一字不差地记忆。如背诵唐诗宋词、外语单词等。

争论记忆法 —— 通过与别人争论、探讨强化记忆。注意争论后确保记忆的东西是正确的。

复习记忆法 —— 艾宾浩斯遗忘曲线告诉我们：遗忘的规律是先快后慢，特别是在 48 小时之内遗忘最快，要抓紧复习。如果记忆后能强化复习，一旦记住，就很难遗忘。

自测记忆法 —— 自己对自己记忆的材料进行检验。检验的结果要核对正确的答案，并加以纠正。

概括记忆法 —— 对材料进行提炼加工，把它变成一个疙瘩，牢牢地记忆。这是一种很好的学习方法。

提纲记忆法 ——编写提纲，体现材料的主要内容、精神实质、逻辑关系。也可对材料整理归类。

简化记忆法——对一个复杂概念的解释，对一个规律的阐述，对一个现象的剖析，对一个过程的总结等，都可以分解为几个要点，作为记忆的路标，提高记忆效果，对应考具有重要意义。也可把记忆的材料简化成几个字。

运算记忆法——如，1644年明朝灭亡，可想到16=4×4。"死"与"4"谐音，你就会很快地牢记住明朝灭亡的时间是1644年。

形象记忆法——以感知过的事物形象为内容的记忆。它比其他方法好得多。一个人做过的事情，终身不忘。

比喻记忆法——比喻可以变平淡为生动、变深奥为浅显、变抽象为具体。要求比喻贴切、紧扣材料、说明问题。

物象记忆法——记忆一般靠视觉，当需要回忆一些枯燥无味的知识时，如果脑中能浮现相应物象，效果更佳。

说话记忆法——把阅读的东西、感觉的东西随口说出来，大声喊出来，可以帮助记忆。

谐音记忆法——字与字、词与词的读音相同或相似，借以记忆，谐音记忆法的奥秘在于事物的双关性。

除此之外，还有歌诀记忆法、故事记忆法、窍门记忆法、音乐记忆法、咬文嚼字记忆法、认认真真记忆法、高声朗读记忆法等。

当面对考试时，需要记忆的东西太多，总有手足无措的感觉。从记忆术的立场来说，有秩序地全部记忆，并不是不可能的。如果一项一项地单独记忆，反而不行，倒不如把要点联系起来，系统记忆。但要注意记忆的痕迹不能混淆。

记忆是可以锻炼的，加强理解，不断重复，集中注意，培养兴趣，科学用脑，动员多种感官参加记忆，做到听、看、读、写并举，眼、耳、鼻、嘴、手参与，集中打歼灭战，这是巩固记忆、减少遗忘的有效办法。适当思考，将知识积零为整，利用联想，把知识生活化，决心硬记，这是战胜遗忘的窍门。记忆法还有很多，下面是增强记忆术。

思考记忆法增强记忆术 —— 撇开现成的方法不用，反而去思考新的方法。只要想想该事的前因后果，就能找到新办法。这虽然不正统，却能使记忆灵活，提高求知欲。

将知识生活化增强记忆术 —— 设法把新学词汇放到日常生活中使用。如今天乘车，想想英文单词汽车、轿车怎么讲。

增强记忆术还有很多，如兴趣增强记忆术、具有震撼力的增强记忆术、整理分类增强记忆术、细心观察增强记忆术、事物特征增强记忆术、结合过去的经验增强记忆术、把相关的事物联合在一起不要让外界事物影响增强记忆术、利用备忘本增强记忆术、建立一个记忆核心增强记忆术、书写一遍增强记忆术、利用肢体语言增强记忆术、念出声来增强记忆术、眉批增强记忆术、找出头脑最清楚的时刻分段增强记忆术、先从容易的地方开始增强记忆术、小睡片刻增强记忆术、夜深人静时回忆增强记忆术、图表帮助增强记忆术、记住错过的教训增强记忆术、书中的页数增强记忆术、教导别人增强记忆术、和朋友讨论增强记忆术、颜色区别增强记忆术、笔记本增强记忆术、仔细观察增强记忆术、咬字读一遍增强记忆术、决心想记增强记忆术、最初或最后时刻增强记忆术、早晨稍看一下前天的重点增强记忆术、答错的问题牢记增强记忆术、逆向帮助增强记忆术、书读百遍增强记忆术、利用失眠强化增强记忆术、自认不会增强记忆术等，这里就不一一介绍了。

记忆力是可以锻炼的，加强理解，不断重复，集中注意，培养兴趣，科学用脑，动员多种感官参加记忆，做到听、看、读、写并举，眼、耳、鼻、嘴、手参与，这是巩固记忆，减少遗忘的有效办法。

八、增强记忆的 22 要素

提高记忆效果，必须做到：（1）有明确的记忆目的；（2）有长期记住的要求；（3）按顺序记忆；（4）力求准确记忆；（5）对记忆对象有迫切需要；（6）记忆要有兴趣；（7）有积极的感情；（8）注意理解；（9）避免机械记忆；（10）注意形象记忆；（11）记忆内容适当；（12）理解内容的逻辑结构；（13）记忆材料节奏要押韵；（14）多种感官参与；（15）集中注意力；（16）运用比较法；（17）厘清细目；（18）及时复习，艾宾浩斯遗忘曲线告诉我们，遗忘的规律是先快后慢，所以，记忆后要及时复习，克服遗忘；（19）尝试背诵；（20）力求达到记忆再现；（21）利用联想；（22）分散与集中相结合。

影响记忆的因素和增强记忆的必要条件：

（1）食物影响记忆，如糖，儿童因为高糖饮食引起过度兴奋和学习能力下降；（2）睡眠影响记忆，缺乏睡眠或者睡眠质量差的人，通常易怒、记忆难以集中；（3）情绪影响记忆，情绪低落是记忆出问题的一个重要原因，如受到刺激、感到担忧、专注于伤心等都能影响人的记忆。情绪影响记忆是被广泛承认的，对记忆和回忆投入的努力，取决于对事情感兴趣的程度以及当时的心情，心情愉快更容易积极记忆；（4）压力影响记忆，压力等同于紧张，没有好坏之分。积极的压力实际上是兴奋剂，如果持续很久或者重复出现的话，身体也有可能被打倒，表现为筋疲力尽，变得易受攻击、免疫力下降，易感染疾病，这种反反复复是有害的，也就是坏压力。

有些坏压力表现为：心跳过速、呼吸急促、胃疼、睡不好觉、易怒、粗心大意等。

增强记忆力必须做到：

（1）集中注意力；（2）明确的记忆目标；（3）丰富的阅历；（4）运用和实践；（5）稳定而愉快的情绪；（6）适当的营养；（7）新鲜的空气；（8）合理的作息制度；（9）记忆的最佳时间：早上和晚上；（10）抓紧复习，合理用脑；（11）空腹或者吃饱后记忆迟钝。

记忆不是一个冷冰冰、死气沉沉的工具，它就像一个知识库，堆满了无数令人惊叹的宝藏。没有记忆，就没有知识、就没有智慧。学习新知识离不开记忆，记忆力有助于学习效率的提高。

九、同步练习（可单选或多选）

1. 过去的经验在头脑中的反映是（ ）

A. 直觉　　B. 思维　　C. 记忆　　D. 想象

2. 短时记忆的容量是（ ）

A. 无限　　B. 5—9 个　　C. 9—20 个　　D. 4 个以下

3. 记忆过程包含（ ）个环节

A. 2　　　B. 3　　　C. 4　　　D. 5

4. 从大脑中提取知识和经验的过程是（ ）

A. 识记　　B. 回忆　　C. 再认　　D. 再现

5. 对识记过的内容不能再认和回忆是（ ）

A. 错构　　B. 遗忘　　C. 错觉　　D. 虚构

6. 按其内容分，记忆种类有（ ）

A. 形象记忆　　B. 情景记忆　　C. 远动记忆　　D. 外显记忆

7. 按其对输入信息编码、存储时间长短分，记忆种类有（ ）

A. 瞬时记忆　　B. 短时记忆　　C. 程序记忆　　D. 长时记忆

8. 在幼儿记忆的发展中，（ ）占主要地位，比重大。

A. 形象记忆　　B. 动作记忆　　C. 情绪记忆　　D. 语词记忆

9. 记忆无意义的东西，在 20 分钟内遗忘（ ）

A. 42%　　B. 56%　　C. 66%　　D. 73%

10. 春游过去 3 天了，小兵还没有忘记当时快乐的情景，这种记忆属于（　　）

A. 语言记忆　　B. 运动记忆　　C. 情绪记忆　　D. 逻辑记忆

练习题参考答案

1. C　　2. B　　3. B　　4. BD　　5. B　　6. ABC　　7. ABD　　8. A

9. A　　10. C

第五课 需要是人的欲望金字塔

◎课程导读

本课主要介绍需要定义、种类，需要层次理论。正确理解需要、自然需要、社会需要、物质需要和精神需要等基本概念。了解儿童须要家庭教育。

◎重点知识

需要特征及需要层次理论
需要种类
缺失需要和成长需要
家庭教育对儿童的作用和意义

一、认知需要

1. 现今你最需要什么？写出 3 个。

2. 需要释义：应该有或者必须有。或者说需要是对事物的欲望或者要求。

需要近义：需求、必要、须要。需要反义：不必、无须。

需要和须要的区别。"需"字，偏重需求之意，以"需"组成"需求"。从词性上看，"需要"做动词时，是应该有、必须有的意思。例句：工作需要安静的环境。"需要"做名词时，对事物的欲望或者要求。例句：从消费者的需要出发。

"须"字偏重必须之意，强调情理上的必要或者一定要，而"须要"则是助动词，一定要的意思，以"须"组成"须要"，后面通常连接动词。例句：这个任务须要完成。二者用法不同，须要是一定要、必须要，而需要是应该有、必须有。

强调的重点不同，需要强调对可见、可感到物件的要求；须要强调事理上的必要，一般不用在对具体物件的要求上。需要使用范围大，而须要的使用范围小，需要的使用包含了须要。

常见短语：需要浪漫、需要立即采取行动、需要钱、需要从群众利益出发、需要天天复习、需要把脸洗干净、前进的路上需要披荆斩棘的勇气、知识需要探索、土地需要耕耘……

二、需要的定义

需要是有机体内部的一种不平衡状态，表现为有机体对内外环境的欲求。

需要的特征：

（1）对象性。需要都有对象，没有对象的需要是不存在的。即：需要什么。如需要喝水，对象是水，说明体内缺少水，才需要水。

（2）差别性。每个人的需要互不相同。动物和人类的需要有着本质的差异，如人要面子，而动物不要面子，随地大小便。

（3）发展性。需要是推动有机体活动的源泉，需要是不断发展变化的。如早期人们认为玉米没有大米好，可是，现在就不一定这么认为了。

（4）周期性。如睡觉，需要每天晚上休息，不能说昨天睡好了今天就不睡了。

（5）无止境。人的需要难以满足。

人性深层的需要是渴望得到别人的赞美。

三、需要的种类

1. 按产生的角度分：自然需要和社会需要。

自然需要又分为生理需要和生物需要。生理需要如吃、喝、拉、撒、睡，包括谈恋爱、性需要。生物需要如房子、车子、手机等。

自然需要换言之，三生需要，即：珍惜生命、热爱生活、学会生存。

社会需要是获得性的需要，是由社会要求而产生的需要，通过学习获得的，人类特有的。如交往、道德、礼仪、工作、成就等。

2. 按满足的对象分：物质需要和精神需要。

物质需要：是对物质产品的需要。如粮食、衣服、商品、药物等。

精神需要：是对社会精神产品的需要。如文化、科技、娱乐等。

需要的分类是相对的，各种需要之间有相互交叉、重叠的。如喝水，是自然需要，也可以说是物质需要。睡觉是生理需要也可以说是精神需要。

四、需要的层次理论

心理学家们把需要分为五个层次：第一层也是最下层是生理需要；第二层是安全需要；第三层是爱和归属的需要；第四层是尊重的需要；第五层也是最高层是自我实现的需要。

第一层生理需要，主要是对空气、水和食物等的需要，这是最先的需要，也是最低级的需要，人人需要，这个需要的力量最大、最多。

第二层安全的需要，是指对安全、秩序、稳定以及免除恐惧和焦虑的需要。

第三层爱和归属的需要，是指人与人之间，建立情感联系，互相帮助，人离不开群体，并在群体中享有地位的需要。

第四层尊重的需要，是指希望有一定的地位，得到别人的高度评价，受到他人的尊重并尊重他人的需要，是相互尊重的需要。

第五层是自我实现的需要，是指人都希望最大限度地发挥自己的潜能，不断地完善自己，完成与自己能力相称的事情，实现自己理想的需要，这是人类最高层的需要，而实现这一层的人往往只是少数人。自我实现并非易事，需要雄心壮志、砥砺前行。

心理学把低层次的需要，称为缺失性需要；把生长性的需要称为高层次需要。一个人如果不思进取，停留在某个低层次上，就是缺失。一个人如果不懈努力、顽强奋斗，不停地追求更高的层次，就是高层次需要。生长性的需要有益于健康、长寿和精力旺盛。

心理学认为，只有当低层次的需要得到满足或者部分满足后，较高层次的需要才能出现，所以较低层次的需要都得到持续不断的满足时，人才会受到自我实现的需要的支配。需要的层次越高出现越晚，需要的层次越低需要的力量越强，需要的层次越高越能反映人类特征，自我实现是人类特有的需要。

幸福感强的人，斗争性弱；幸福感弱的人，要斗争，要把自己的想法讲给别人听，向高层次需要攀登。

自我实现的需要，是需要的最高层次，也是人格的最高境界——超我。本我、自我、超我，这是人格理论的层次。本我即"原原本本的我"，是地球上唯一的我，自我在一个人的一生中占据大多数，而超我是一个人的最高境界。还有"镜我、主我、客我"，镜子中的我就是本我，别人评价的我才是客我。

一个人被别人需要，生存才显得有意义。

五、儿童须要家庭教育

每个人出生后最先接触的环境就是家庭，并借助家庭生存与发展。一个人的道德观念、意志品质、人生理想、行为习惯、性格特征、兴趣爱好等，都是最先在家庭中获得熏陶和启迪。人在幼年的意识中留下的印象，哪怕微不足道，都会在未来漫长的一生中发挥重要影响。因为它虽然只拥有"一点力量"，但这力量却是影响人发展的源头。

家庭是每个人的出生地，也是最早生活、成长的地方，是个体最初加入的群体。人出生后，首先是与父母双亲、兄弟姐妹同吃同住，建立良好的家庭关系，然后走入社会。每个人都是从家庭走向社会的。可见，家庭也是个体与社会联系的纽带。

每个儿童都要从家庭中开始学说话、学走路和学交往，更重要的是从家庭中学习处事态度，形成价值观。家庭教育对促进家族幸福、社会进步、民族优化意义非凡，下面就从家庭教育对儿童发展的作用这个方面阐述一下作者的观点。

1. 为健康出生提供保障。

家庭教育的作用首先体现在胎教上，优生优育知识的传播，使准父母懂得了孕期应合理膳食、补充营养，保持愉悦的心情，做好孕期保健。为迎接新生命做好心理和物质准备，是最好的胎教。家庭教育从胎教开始就为儿童的健康出生提供了保障。

2. 为健康成长提供保障。

身体健康是在先天遗传与后天养育的基础上表现出来的机体功能和形态上的良好状态。从重视母乳喂养、科学添加辅食，到合理膳食，保证了儿童迅速生长发育所需的营养。现代家庭教育重视儿童卫生和锻炼习惯的养成，以提高儿童机体对外界环境的适应性和对疾病的抵抗力，增强了儿童的身体素质。和谐温暖的家庭环境和良好的亲子关系，也满足了儿童正常的心理需求，促进了儿童身体上和心理上的健康发育。

3. 有助于儿童智力的迅速发展。

研究发现：从出生到 4 岁就获得 50% 的智力，4 到 8 岁又获得 30%，余下的 20% 的智力是在 8 到 17 岁获得的。家庭是儿童早期生活最基本的环境，占其全部生活时间的三分之二，家庭教育阶段是儿童大脑发育的黄金阶段，通过日常生活的细心照料、温暖陪伴、亲子互动，促进了儿童大脑的健康发育，使其智力迅速发展。

4. 有助于智力开发事半功倍的效果。

儿童智力发展有敏感期，在不同的年龄阶段，各种智力因素发展的速度不同，对儿童的影响也不同。研究表明：儿童在 6 到 9 个月的这个时候，是对形状和大小的辨别能力发展的敏感期；1 到 3 岁是计算能力发展的敏感期，也是口头语言发展的敏感期；4 到 5 岁是阅读能力发展的敏感期等。敏感期内的家族教育，更能给儿童相应的教育刺激和发展机会，大幅度地提高儿童相应的智力发展，实现智力开发事半功倍的效果。

5. 有助于预防儿童潜能递减现象的出现。

儿童的潜能是按照递减的法则运行的，教育开始得越晚，儿童潜能发挥出来的比例就越少。儿童在智力发展的高峰时期如果没有接受过教育，就很难达到原来应达到的智力水平。假设人的能力水平以 100 度为限，如果人一生下来就对他进行理想的教育，那么他就可能成为一个有 100 度能力的成人。如果从 5 岁开始教育，即使教育得再好，他可能只成为一个有 80 度能力的成人。如果从 10 岁开始教育的话，他可能只成为一个有 60 度能力的成人。

家庭教育是个体最早接受的教育，可以充分发挥孩子的潜能，避免孩子潜力的流失。儿童接受教育的顺序，首先是家庭教育，其次才是学校教育。儿童早期的生活经验，将深刻地影响其一生。

6. 有助于儿童了解社会规则。

儿童在成为社会人的过程中，社会准则、行为规范和道德意识都要通过家庭教育折射，才能进入儿童的内心世界。父母的言行举止对孩子的行为方式影响极大。调查研究发现，孩子们在饮食、运动、说话、睡觉、交往等方面的习惯，在总体上仿效父母，孩子们成人后的一些不健康的生活方式更是与父母高度相似，而且还在性别上有所表现 —— 男孩的生活方式像爸爸，女孩则更多效仿其母亲的行为习惯。

在家庭教育中，不要以为只有同儿童谈话、教训他、命令他的时候才是进行教育，其实在生活中的每时每刻都可以教育他们。大人怎样穿戴、怎样同别人说话、怎样谈论他人、怎样欢乐、怎样发愁、怎样笑、怎样对待客人、怎样看书等，这一切都对儿童有着重要的影响，这是符合儿童心理特点的。他们会从这些平常的生活中去了解社会。

7. 有助于儿童形成健全的人格。

幼稚期（7岁前）是人生最重要的时期，无论什么习惯、技能、思想、言语、态度、情绪，都要在此时期打一个基础，若基础打得不稳固，那健全的人格就不容易形成了。现代心理学研究表明，父母的行为对儿童性格特征的影响，比遗传基因更大，特别是母亲对儿童人格的形成有巨大影响。因此，幼稚期是儿童人格形成的重要时期，家庭教育起着关键作用。

8. 家庭教育提高了儿童的审美才能。

儿童时期错过的东西，到了青少年时期就无法弥补，到了成年时期就更无望了。这一规律涉及孩子精神生活的各个领域。

婴儿从出生开始，就通过眼、耳、鼻、舌、身接受外部世界的各种信息。美好的色彩和图形、优美的声音和节奏、良好的气味能够引起儿童的愉悦反应。家庭环境布置、父母的表情、家庭情绪氛围等，都是儿童美育的教材。通过优良的家庭教育和美好的事物，纯洁儿童心灵，陶冶美好情操，形成优良品行，塑造理想性格。

9. 家庭教育为儿童未来的发展奠定基础。

随着社会竞争力的不断提高，父母更重视运用自己的生活经验，发展子女的兴趣爱好，更关注子女生活，帮助和鼓励子女建立积极的生活观、远大的理想和志趣，为子女在以后的职业取向和社会生活中正确地做出价值判断奠定基础。

10. 家庭教育是促进社会文明发展和进步的基本因素。

家庭是社会的组成细胞，家庭、家风、家规好，社会就稳定发展。看现在十来岁的孩子，便可料想十年后的中国。孩子没有受到良好的家庭教育，可能会影响整个国家和社会的发展。

2021年10月23日，国家颁布了《中华人民共和国家庭教育促进法》，这类专门法律在世界范围内是少有的，其他国家即使有，也是附加在其他法律上的，由此可见我们国家对家庭教育的重视程度。家长、老师都应该对社会负责，对后代负责，讲究教育方法，立德树人，培养孩子良好的品德和行为习惯。在实现这一目标的过程中，家庭教育承担着不容推卸的重任。

六、敏感期教育需要指导

虽然家庭教育有很多优点，但与学校教育相比，家庭教育也有其局限性。

其一，消极的因素表现为父母教育子女中感情用事，缺乏应有的理智。父母怕孩子受委屈、遭挫折，而迁就姑息、溺爱、放任自流、不管不教。或者是操之过急、方法简单粗暴，有些父母望子成龙心切，对子女期望过高，当看到孩子犯错误、行为表现同自己的要求相悖，或者同自己所期望的差距很大时，往往厌烦，不懂得如何去教导。还有些父母认为，管教子女是家庭私事，用不着像老师对待学生那样注意态度、讲究方法。在"老子管儿子，儿子只得服从"这种思想情绪的支配下，父母很容易感情冲动，以致亲子关系的冲突和对立，造成教育行为标准不一，难以培养孩子正确的道德评价能力和行为能力。许多家庭对孩子的教育困难或者效果不佳大多源于此。

其二，多数家长未接受过专门培训，也缺乏教育理论修养和知识，在教育过程中出现对教育价值观、教育方法的迷茫感知，从而对学校产生过分依赖，把教育孩子的责任推给学校。这些家长也有可能是无法将时间和精力放在子女教育上，或者靠传统的打骂方式来教养。错过了教育的敏感期，得不偿失。下面，对如何教育敏感期的孩子谈谈我自己的看法。

所谓敏感期，就是指孩子在成长过程中，受内在生命力的驱使，在某个时间段内专心吸收环境中某一事物的特质，并不断重复实践的过程。

每次顺利通过一个敏感期后，孩子的心智水平便从一个层面上升到另一个层面。如果错过了敏感期，孩子在某一个方面的发展速度会比较缓慢，学习某一种知识技能也会相对困难。所以，家长应该主动了解孩子的成长规律，并且在把握规律的基础上，运用合理的方法帮助孩子顺利度过敏感期。

1. 不要忽视敏感期。

许多家长喜欢给孩子安排学习，花了很多时间、精力，但结果却不如想象的那样，原因就是没有"踩着点"给孩子"进补"，学习不是时间越长越好的，按敏感期"进补"就显得尤为重要。

但也不要夸大敏感期的重要性。有人认为敏感期既然这么重要，就要抢时间、下功夫；也有人觉得对敏感期了解得太晚了，就错过了机会。这些想法都不可取。发展是一个可持续的过程，不存在过了敏感期，孩子就不发展的情况，只要耐心培养，孩子照样发展。

敏感期有个体差异，不存在绝对的时间。如处在"细节敏感期"的孩子，趴在草地里看小虫、小草，家长发现孩子有这种行为就要顺其自然地提供帮助。

2. 不同年龄段的敏感期关注点。

（1）跳跃敏感期（2—3岁），幼儿走得稳了，双脚有力了，他们尝试边走边跳，高兴时连蹦带跳。

（2）执拗敏感期（2岁后），这个时期的幼儿思维先于行动，想干就干，说、干同时发生。

（3）模仿敏感期（2—3岁），幼儿不停地模仿父母，模仿其他人的一举一动。

（4）数学敏感期（1—2岁），幼儿初步掌握了数学概念，2岁半左右计算能力开始发展，5岁左右是幼儿掌握数学概念、抽象运算，以及综合数学能力形成的关键期。

（5）社会活动敏感期（2.5—6岁），幼儿对成人的一切社会活动产生好奇心。

（6）喜欢垒高敏感期（3—4岁），幼儿通过物体的位置来感知空间，从垒高这个动作中找到快乐和满足。

（7）音乐敏感期（3岁左右），幼儿听到音乐就手舞足蹈、扭屁股，连歌词都没有搞清就已经学会哼唱了。

（8）追求完美敏感期（4岁），幼儿忽然觉得做事要追求完美，这为长大后做好每件事打下基础。

（9）阅读敏感期（4.5—5.5岁），他们总是想把看过的、听过的故事记在脑子里。

（10）认字敏感期（4—7岁），这个时期的幼儿喜欢阅读，想方设法要搞清路牌、站牌、商品上的字是什么。

（11）绘画敏感期（4—6岁），幼儿能够画出事物的简单形状，并不断地要求大人给他们画。

（12）人际交往敏感期（4岁左右），幼儿通过和别人分享食物进行交往。

（13）性别敏感期（5岁左右），幼儿发现男孩与女孩的身体有差别，他会让妈妈一遍又一遍地讲述孩子是怎样来到这个世界上的。

（14）身份确认敏感期（4—5岁），幼儿突然说"我是警察""我是超人"，透过喜欢的人物的人格来"确认自己"和"建构自己"。

（15）情感敏感期（5—6岁），幼儿因成人的态度而变得敏感、脆弱，会委屈地哭泣。

（16）书写敏感期（5岁左右），幼儿特别喜欢写字、乱画，无论墙上、书上、地下，到处都要画上几笔，会主动要求购买书写工具，废寝忘食地写字并乐此不疲。

（17）文化知识敏感期（6岁），萌芽于3岁，6—9岁是孩子渴望文化知识最强烈的时候。

（18）交换敏感期（3岁左右），5岁左右开始迷恋集体生活，同时迷恋上交换（食物、玩具等）。

（19）婚姻敏感期（4—5岁），可能会说"我要和妈妈结婚"。

3. 主要敏感期的具体指导。

家长要学会识别、理解、捕捉孩子敏感期的行为，不要观察到一点现象就随意下定论。当孩子处在敏感期时，家长必须注意，避免过度保护和干涉，要给他们自由探索的空间。

活动时，给孩子带着水、拿着衣服、提着玩具，不去叮嘱"不要摸，太脏了"之类的话，你说了这类的话，会扼杀他们的探索热情。探索未知事物的过程是他们十分可贵的经验，获得的不仅是知识，更是一种能力和一种对未知事物充满好奇与求知欲的精神，要让孩子去感悟、去体验、去探索。

其次，要给孩子自主支配的时间。一个自由的人，有选择地支配自己的行为，能激发他们的积极主动性，在交往、独处、分析和解决问题时，学会思考，提高适应合作和协调能力。如果过度支配幼儿的时间，会让他们逐渐没有了想法和意志，导致越来越懒散和消极。

再次，要允许孩子犯错。受敏感期的驱使，他们会特别热衷于探索一种事物，这一过程可能犯错，在犯错的同时，又懂得不惧错误，学会了忍耐。这个时候如果呵斥或者阻止孩子，他们会因为害怕犯错而不去尝试、懒于动手、习惯依赖，性格也会变得自卑、优柔寡断。

其实，孩子犯错的过程，是其不断自我完善的过程。

（1）感官敏感期指导。

从孩子出生之日起，感官就在不断地发育成长，功能逐渐完善成熟，孩子能看清距离自己 20 厘米以内的物体，听到声响能做出反应，不自觉地去咬或者舔舔碰到的东西，出现啃手指头、咬玩具、咬衣服等行为，在临床上没有明确的病因能解释这一现象。

人是天生的学习者。当吸吮手指头时，表明婴儿已经进入新的成长阶段，有能力将东西送进嘴里了。当孩子用手去碰或者翻动物品时，说明已经有了探索动机和求知欲望。

大人要创设环境，提供不同颜色、大小、形状的玩具供儿童观察；播放不同风格的音乐；与儿童一起开展游戏活动，去刺激他们的感知觉，如用手、毛巾、羽毛等去抚摸儿童的脸、背、脚等部位，或者陪孩子荡秋千、坐跷跷板；把各种玩具放在一个箱子里，让孩子看不见，然后，让孩子伸手摸一摸，并说出摸到了什么；陪孩子玩捉迷藏等。

（2）语言敏感期指导。

孩子学习语言的规律是先吸收后表达，从具体事物的名称开始。在语言爆发期之前，吸收了多少，质量如何，直接决定了孩子的表达水平。

父母应提供大量的语言信息、适当的语言刺激，如在 18 个月前，要提供正确的语音，在会说单个字的时候，要有意识地提供多个字的词汇；在两岁后大量获得词汇的阶段，要引导孩子阅读图书，图书是孩子语言发展的重要源泉。其他如儿童电视节目、动画片，都是孩子学习词汇的途径。

父母还要让孩子多交朋友，多与大人交往，从周围的成人那里获得各种特色语言。三四岁后，孩子从外界学习的语言对其影响超过父母直接讲授的影响，从外界习得表达模式，有效促进了语言发展。

（3）动作敏感期指导。

动作发展具有渐进性，即先上后下、先里后外、先大动作后精细动作。表现为从手臂发展到手指，从身体发展到四肢，从粗大动作向精细动作转化。先坐后爬，先爬再走，先用手大把抓后用手指拿。

当看到孩子反复扔东西、搭积木时，正说明了运动、锻炼的重要性，这时不要去打扰他们运动。运动不仅是一种自我表现方式，而且是意识发展的表现因素，可以说，动作发展是智力发展的一个基本要素。通过运动，他们接触了客观世界，并借助这些接触获得了或具体或抽象的概念，身体的活动使心灵和世界联系起来。因此，家长们更应该抓住动作敏感期来鼓励孩子多运动，给孩子提供活动身体也激活智力的环境，提高孩子对运动和生活的自信心。

（4）细节敏感期指导。

家长不要随意拿走孩子手上的东西，或者是拉走蹲在地上观察的孩子。很多时候，家长害怕孩子手里的东西不卫生，孩子会得病；怕孩子一不小心伤害到他人；怕孩子弄脏衣服……这些看似充足的借口都会妨碍孩子发展。其实，家长们可以站在一边，耐心地陪伴，去观察、去发现、去帮助，防止危险的发生。

对于孩子来说，世界还是细小、单一的，一根线头、一片废纸、一块石头都能引起孩子的注意。但这些在成人看来都是无意义的东西，所以要正确意识到，孩子都是靠着这些细小物体开始研究世界，并发展自己的感知觉的。

简单的微观世界是孩子认识社会的开始，只有接触了不同的"细小环境"，在这种简单、细小物体的叠加下，他们才能向"整体的世界"靠近。对细小事物的研究会让他们对整个世界都充满兴趣，眼睛、嘴巴、鼻子、手脚的发展，给了他们接触细小事物的机会，让他们逐渐认识世界。

（5）秩序敏感期指导。

3岁左右，孩子就进入了秩序敏感期。他放在某一个位置的东西，你动了，他又拿回原处，不允许别人破坏，形成自身的内在秩序模式。我们要允许他对破坏秩序产生的恼怒发泄出来，倾听他的需求。只有稳定的活动过程，才能给孩子带去"事物应该是这样的"这一信息，才能使孩子养成遵守秩序的习惯，形成良好的人格。

在秩序敏感期的孩子，无论做什么事都会依据程序来完成，为的就是获得安全感。打破程序的任何做法，只会带给孩子思维的混乱、情绪的暴躁、心理的不安。

秩序敏感期带给孩子的是守序的"固执"性格，利用这一特点，培养他们守秩序的行为习惯，比如整理玩具归位，洗手后才能吃饭，即使没有车辆也不能闯红灯、过马路等。

（6）社会敏感期指导。

处于社会敏感期的孩子，对各种社会习惯、规则都会感到好奇。可用红绿灯儿歌教会孩子遵守交通规则，用绘本故事告诉他们要爱护花草。要扩大孩子的视野，带领他们到公园、社区、景点、超市等，了解社会秩序，让他们自己去接触、体验，这远比说教更立体、更现实。

孩子的社会发展是连续的，这一时期没有人告诉他们哪些是不对的，下一时期也不用指望他们会自悟哪些才是对的。家庭、幼儿园和社会是统一的、互补的，家庭是最小的社会单位，幼儿园是小社会，他们开始学会和同伴、老师相处，逐渐接触到了大社会。每一个社会对孩子来说都是重要的，他们会把家庭教育的规则、习惯带到幼儿园和社会上，同时，也会把社会上学习到的一些语言、行为作用于家庭、幼儿园。因此，对孩子的要求应该保持三者统一，不能因为在家就随意无约束，在幼儿园就严厉对待，这会影响孩子的社会稳定性发展。

（7）阅读敏感期指导。

从符号开始到图形，从认识字形到理解字义，这是一个逐步渐进的过程，任何人都不可能一两天就会认识很多字。积累的过程很重要，在这期间，孩子最感兴趣的是这些图形、图画和字形带来的新感受，而不是它的排版、含义，因此父母应该和孩子一起阅读，帮助获得阅读的基础，也应该让他们自愿地快乐阅读，而不是为了认字而看书。更不能认为孩子们还不认字就轻易错过了阅读的敏感期。

认字不宜过早，5 岁之后文字阅读才成为重点阅读范围。当然孩子们刚开始对文字的认识，还停留在这是一个个形态各异、弯来弯去的符号上。他们愿意拿起笔一次又一次地写同一个字，因为，在他们看来这是画画，这里弯一下那里直一下，直到认为跟原来一模一样为止。通过这种把字认作一个符号、一个涂鸦的方式，他们渐渐会发现，自己画的东西也会在其他地方看到，从而获得同一性，真正认识了这个字。父母应该做的是让他们能把看到的文字和生活中的实物联系起来，进一步巩固、学习、认识所学的字。

4. 应该怎样对孩子进行早期阅读教育。

阅读能引导儿童主动想象，增强创造性，是一种很好的早期教育方式。

专家认为：儿童阅读愈早愈好，习惯从小养成。

（1）间接阅读期：从牙牙学语时开始，即大人读，幼儿听。内容要简单好听，目的是向孩子发射语言信息，让孩子看大人的口形和表情。

（2）教读期：孩子刚会说话，把他抱坐在腿上，鼓励其指着图画和文字或拼音字母或数字，跟大人一起读，即"教读"。让孩子逐渐完成由耳听到口读的转变。

（3）看图识字期：3—4岁，看图识字，看拼音认字。

（4）不阅读的绘画期：4—6岁，这时孩子对图画、小人书、绘本感兴趣，选《简笔画》让孩子仿画。

（5）阅读传说期：6—8岁，好奇心强，选择简单传说类的书。

（6）阅读童话期：8—10岁，选《童话大王》等。

（7）阅读故事期：10—15岁，选古今中外科学家的故事书。

（8）阅读文学期：15—18岁，选经典名著。

阅读注意：一是所选书要健康有益；二是每次读书不超半小时；三是规定时间，不硬性要求。

生命的意义在于追求，需要是人的欲望金字塔。生命的价值不在于长度而在于厚度。天地有万古，此身不再得，人生只百年，此日最易过。幸生期间者，不可不知有生之乐，亦不可不怀虚生之忧。一方面要享受生命的乐趣，另一方面也要珍惜自己有限的时间，争取建功立业，做出一番成绩。需要的力量深深地潜伏在我们的脑海，使每一个人的精神不灭、万古流芳。

七、同步练习（可单选或多选）

1. 家庭教育即使终身教育，也是（ ）

A. 初期教育　　　　　B. 短期教育

C. 可行性教育　　　　D. 启蒙教育

2. 家庭教育、学校教育和社会教育是相对（　　）个体，各自承担着不可替代的教育责任。

A. 独立　　B. 孤立　　C. 互助　　D. 矛盾

3. 倡导对子女进行家庭教育，而最早教育则始于（　　）

A. 言教　　B. 儿教　　C. 胎教　　D. 学教

4. 下列关于需要的表述，说法准确的是（　　）

A. 需要是有机体内部的一种不平衡状态

B. 人与动物的需要没有本质区别

C. 需要是有对象的

D. 人的需要会随着社会的发展而变化

5. 交往需要属于（　　）

A. 生理需要　　B. 自然需要　　C. 社会需要　　D. 获得性需要

6. 尊重需要是（　　）

A. 高层次需要　　　　B. 低层次需要

C. 生长需要　　　　　D. 生存需要

7. 人对秩序、稳定以及免除恐惧和焦虑的需要是（　　）

A. 生理需要　　　　　B. 安全需要

C. 爱与归属的需要　　D. 尊重需要

8. 个体自我意识发展的第一次飞跃出现在（　　）左右

A. 半岁　　B. 1 岁　　C. 2 岁　　D. 4 岁

9. 文化知识敏感期萌芽于（　　）岁

A. 6　　B. 9　　C. 3　　D. 5

10. 三岁以前婴幼儿心理发展最大威胁是（　　）

A. 父母经验不足　　　　B. 营养不足

C. 安全感不足　　　　　D. 游戏活动不足

11. 处于感知运动阶段的儿童的特征主要是（　　）

A. 只限于对当前直接感知的环境施以动作

B. 开始能够运用语言或者符号来代表他们经历的事物

C. 获得了守恒概念

D. 思维具有可逆性

12. 幼儿认同对象主要是（　　）

A. 父母　　　B. 老师　　　C. 哥哥姐姐　　　D. 弟弟妹妹

13. 迟缓型婴儿教养的关键在于（　　）

A. 需要父母具有特别的热情、耐心和爱心

B. 让婴儿按照自己的速度和特点去适应环境

C. 父母要理智的克制自己的烦躁

D. 父母要采用奖惩相结合的办法

14. 不要随意拿走孩子的东西或者拉走蹲在地上的孩子是处在（　　）

A. 动作敏感期　　　　　B. 人际交往敏感期

C. 细节敏感期　　　　　D. 执拗敏感期

15. 儿童的社会性发展是（　　）

A. 与生俱来的

B. 由遗传素质决定的

C. 在成长过程中自然形成的

D. 在与外界环境相互作用的过程中形成的

练习题参考答案

1. D　　2. A　　3. C　　4. ACD　　5. CD　　6. AC　　7. B　　8. C

9. C　　10. C　　11. A　　12. ABC　　13. B　　14. C　　15. D

第六课 青春期将经历一场比拼

◎课程导读

本课主要讲述青春期特点、发展及生理发育，少年期个性、青春期个性和社会发展，少年期、青春期面临的心理社会问题，简要了解青春期一般特征、自我意识以及人生价值观的发展。

◎重点知识

青春期心理发展矛盾性特点
青春期认知发展、青春期个性和社会性发展
青春期家庭教育
青春期女性教育

一、说说青春期

青春期五味杂陈，多事之秋，人人都将经历一场精神考验，暴露自己的情绪、思想和精神意识。经历三次重大比拼，小考、中考和高考。

爱比拼是青春期的一个重要特征。无论是运动、游戏、工作、学习等方面，都想和别人比一比、拼一拼，展现自己，显摆本事，逞英雄，有野心。三五个人在一块的时候，比吃饭、比赛跑、掰手腕、吹牛皮、谈理想、说幻想等。

从生物的角度来说，10—20岁的孩子是青春期；从心理、社会发展角度来说，是少年期。这个时期的孩子，是生理发展的加速期，生理技能发育加速，性发育和身体成长加速，出现第二性征。容易出现身心危机、心理生物性紊乱，容易出现心理和行为的偏差，如恋爱、抽烟、喝酒、滋事、犯罪等。

矛盾期、危机期的青春期的孩子，概括起来有以下三方面：（1）生理发展加速期，（2）身心发展矛盾期，（3）认知发展偏差期。成人感和半成熟状态是造成孩子青春期心理活动产生种种矛盾的根本原因。

12—13岁，好奇、易怒、不稳定。孩子特点是，能够自我评估与自我批评，能够看到问题的正反面，需要对父母以外的成人产生影响，喜欢嘲讽、世故的笑话，可能会十分在意自己的外貌和表现，时常照镜子、打扮，渴望在同挚友交流中受益。

14—15岁，冲动属于他们的主要特征。

15—16岁，青少年的特征是，叛逆、冒险、勇于尝试，在人生中属于第二逆反期。关于"我"的问题萦绕在他们心中，"我到底是个怎么样的人"？

16—17岁，会出现"我如何才能变得重要"？

17—18岁时，关注未来、积极主动、对未来有畏惧心理："我将来做什么"？

二、青春期生理发育加速与指导

1. 身体成长加速、生理机能发育加速、性发育和成熟加速。

2. 生理发育和心理发展达到成熟水平，但生理和心理没有同步发展，心理发展不稳定。

3. 进入成人社会，承担社会义务，生活空间扩大。

4. 在青春期晚期，准备恋爱想结婚。

5. 青春期发育指导。

青春期人体的迅速变化，形成了继婴儿后的人生第二个生长发育高峰期。

（1）身体长高与体重增加。在青春期之前，孩子每年长高3—5厘米，在青春期每年长高6—11厘米。身体迅速地长高是青春期变化的一个明显特征。

童年期男孩女孩的身高变化是差不多的，但到青春期就发生了变化。女孩9岁进入发育，11—12岁就到达了突增高峰，而男孩比女孩晚两年。父母不必担心发育晚的孩子的身高。研究表明：发育较晚的孩子的身高，往往高于发育较早的孩子。

青春期的孩子体重也在迅速增加。在这之前，体重每年一般增加不超过5千克，到了青春期每年可增加6—10千克。体重的增加，反映了内脏、肌肉和骨骼的发育情况。

（2）第二性征出现。第二性征指性发育的外部表现。男孩15岁时几乎全部进入变声期，19岁以后男孩的喉结突起，声音变粗，长出胡须，出现阴毛、腋毛。男孩的阴毛在十四五岁就出现，腋毛比阴毛发育晚1年。

女孩的声音变尖，声带增长变窄，发音频率高，声调也随之变高，乳房、臀部逐渐发育跟着变大，出现阴毛、腋毛。女孩的阴毛大多于13岁出现，一般阴毛发育早于腋毛，晚于乳房。

（3）脑和神经发育。大脑技能趋于成熟，12岁孩子的脑质量和容积基本达到成人水平，神经元也完善化和复杂化，使得孩子能够更长时间地把注意力集中在感兴趣的事情上。

大脑神经网络面临重塑，开始了"修剪"的过程。从胚胎开始，神经元一直增加、生长到青春期，树突会过度生长、丰富，到了青春期就要修剪，留下常用的，让常使用的变得更强。

脑和神经系统要到20—25岁以后，才能发育得和成人一模一样。因此，要妥善安排作息时间，注意劳逸结合，丰富生活，促进脑和神经系统进一步发展。

（4）性早熟和性发育迟缓。受遗传、环境诸多因素的影响，发育时间、结束时间、发育速度和程度都有差异，这是很正常的。

性早熟，一般来说，女孩在 8 岁前，就出现阴毛、月经来潮、乳房增大；男孩在 10 岁前，睾丸、阴茎迅速增大或者出现胡须、阴毛等，同时伴有高大的身材，就应该考虑为性早熟。性早熟是疾病状态，应及早就医。

性发育迟缓是指男女性器官、第二性征、体格的发育均晚于正常时间。一般来说，男性在 16 岁、女性在 18 岁以后，仍没有第二性征出现，就是由疾病引起的，应及早就医。

三、青春期心理矛盾特点与身心危机

青春期身体成长加速，但心理成长没有加速，这样就产生了矛盾，心理活动矛盾现象归纳起来有以下四个方面。

1. 心理上的成人感与半成熟现状之间的矛盾，这是矛盾的根源，是主要矛盾。他们想自己处理自己的事，不想他人干预。

2. 心理断乳与精神依托之间的矛盾。

3. 心理闭锁性与开放性之间的矛盾。

4. 成就感与挫折感的交替。

青少年容易出现身心危机：（1）心理生物性紊乱。心里有话想说出来但又怕大人不理解，只有憋在肚子里发酵。

（2）容易出现心理和行为偏差。被称为危机期、困难期。较易出现心理疾病，如神经病、病态人格、躁狂症、精神分裂症，甚至犯罪等。

四、青春期心理发展与指导

1. 青少年情绪的特征。

青春期是人生的"第二断乳期"，情绪波动体验剧烈，情感活动丰富多彩。一方面，他们的情绪情感体验比儿童更加稳定、丰富、深刻；另一方面，与成人相比，他们的情绪情感发展还不

够成熟。

（1）不稳定性和两极性。青少年学生情绪强烈、波动剧烈，两极性明显，很不稳定，在他人看来好像喜怒无常。情绪自控能力相对较弱，某种情绪一旦激发，情感就如火山般猛烈爆发出来，表现出强烈的激情特征，情绪情感容易冲破理智的意识控制。他们对事物的看法比较片面，很容易产生偏激心理。但他们快速产生激烈的情绪反应维持时间较短，很快就平息下来了。极易出现高强度的兴奋、激动、热情，或者过度伤感、气愤、绝望。有些青少年顺利的时候得意忘形；受挫折的时候马上又垂头丧气；刚刚认同、肯定的事情，忽然又转向拒绝、否定。时而积极、时而消极，时而平静、时而急躁，情感两极性表现典型、突出。

（2）丰富性和细腻性。青少年社会实践领域扩展，交往范围扩大，学习了各种社会道德规范，对自己的身份、角色、志向、价值等问题有了更深入的思考。他们能够体会到人类所具有的不同层次、不同种类、不同强度的情感。他们的正义感、道德感、理智感、美感都得到了发展。随着知识结构的完善，对人际关系的深入了解，他们的情绪情感体验变得更加深刻和细腻，对他人的言语和行为变得敏感起来。容易移情，也能共鸣、同情、体验到相应的情绪。

（3）外露性和内隐性。青少年初期，仍然带有儿童纯真和率直，各种情绪往往通过面部表情、身体动作显露出来。随着年龄的增长、生理的成熟、认知范围的扩大、个人经验的积累，渐渐学会控制自己的情绪表现和行为反应，在情绪表露上出现了内隐性，将各种情绪都尽可能地隐藏于内心，能掩饰、压抑自己的情绪。尤其是对消极情绪，隐藏得更为严密。有时还会表里不一，甚至出现截然相反的情绪状态。如他们对心爱的女孩表面上无动于衷，或者故意做出回避的姿态，实际上内心却狂热地爱慕着对方，时刻关注对方的一言一行；他们明知自己不对，但是口头上仍然拒不认错；或者明知对方有错，仍然故意讨好说"挺好的"。这是适应能力增强的表现，注意到自己的情绪在特定的环境中表达的适当性。

（4）反抗情绪。产生反抗情绪的原因，一是随着青少年自我意识的突然高涨，他们更倾向于维护自我形象，追求独立和自尊，但他们的想法及行为不能被现实所接受，屡遭挫折，于是就产生一种偏激的想法，认为其行动的障碍来自成人，便产生了反抗情绪；二是中枢神经系统明显增强，处于过分活跃状态，使青少年对周围的各种刺激，表现得过于敏感，反应过于强烈；三是独立意识增强。青少年迫切要求享有独立的权利，将家长、老师及社会其他成员的指导和教诲看成是对自己发展的束缚。为了获得心理上独立的感受，他们对任何一种外在力量都有不同程度的排斥倾向。所以说青少年的反抗心理在很大程度上是为了否认自己是儿童，而确认自己已经是成熟的个体。

反抗情绪的表现时机。一是独立意识受阻，父母及他人仍过分关切的态度对特他们；二是自主性被忽视，成人不听他们的主张，将他们一味地置于支配、从属地位；三是个性伸展受阻。教育者只顾他们的学业成绩，而对他们的活动加以限制、禁止，引起他们的反感；四是当成人强迫他们接受时，他们拒绝盲目接受，坚持自己观点，进行反抗。青少年产生反抗情绪，与成人冲突，很多情况下都是成人遇事"婆婆嘴"，或者说话过头，阻碍了他们的求知欲、好奇心、交友结伴等，于是产生逆反心理。

反抗方式的具体表现。一是态度强硬、举止粗暴，"暴风雨式"的对抗外在力量，反抗行为十分迅速，常使对方措手不及。当时的任何劝导都无济于事，但事态平息后，这种反抗情绪随之消失；二是漠不关心、冷淡相对，不直接顶撞，置若罔闻。反抗存在于内隐的意识中；三是反抗的迁移性。当对成人团体的一个成员不满意时，就倾向于对该团体的所有成员均予以排斥。

2. 青少年的社会性发展。

社会性主要表现在：谋求独立、确定自我、适应成熟、获得角色、适应成人社会，形成定型的性格。

（1）自我意识的发展。年龄在1—3岁时，出现过自我意识第一次飞跃，在接下来的年龄里，自我意识还在继续发展着，但发展的速度相对平稳，进入青春期，迎来了自我意识的第二次飞跃。

这次飞跃不同于第一次，一是青少年的内心世界越来越丰富，在日常生活中，常常将很多心智用于内省。"我到底是个什么样的人"？"我的特征是什么"？"别人喜欢我还是讨厌我"？一系列关于"我"的问题开始萦绕于他们的心中。二是主观偏执。一方面总是认为自己正确，听不进他人的意见；另一方面，又感到别人似乎总是用尖刻挑剔的态度对待自己。

（2）自我评价的发展。在童年时期就产生了一些简单的自我评价，但那时的自我评价多由别人的态度反应折射到自身而产生的。到了青春期，他们逐渐摆脱了成人评价的影响，而产生独立自我评价，逐渐学会了全面、客观、公正、辩证地看待自己、分析自己，并且十分重视同龄人对自己的评价。

独立自我评价，是有"主见"的表现，初中二年级学生就能达到这个稳定的水平。到了高中二年级，具体性评价逐渐向抽象性评价发展，自我评价具有深刻性和全面性。大部分学生能够进行适当的自我评价，但容易出现自我评价偏高的倾向，导致产生行为表现上的自负，听不进别人的意见。

（3）自我体验的发展。青少年感到自己已经长大成人，要求和成人建立一种朋友式的新型关系，得到尊重和理解。如果成人还把他们当作"小孩"看待，无视他们的兴趣、爱好，他们会表示出抱怨、抗拒。

青少年自尊感体验容易走极端，自尊感得到肯定与满足时，他们会沾沾自喜、得意忘形；反之，妄自菲薄、情绪一落千丈，出现不负责任、自暴自弃。

儿童很少有自卑感，自卑感萌芽于少年期，容易产生在青年初期，表现在高中时期。自卑的人有着强烈的防卫心理，其精神活动受到束缚。

（4）自我控制的发展。初一学生自我控制能力较差，初二学生自我控制能力的发展还是初步的，其稳定性和持久性还不够理想，高中生能够意识到自己的这一特点，并且开始稳定而持久地控制自己。

（5）自我同一性的发展。自我同一性是指个体在特定环境中的自我整合与适应的感觉，是对"我是谁""我如何……"等问题的主观感受和意识。

同一性冲突的解决是在18—22岁，尽管整个青少年期都存在对自我的探索，但自我同一性的变化发生在青少年中晚期，特别在20岁左右是建立同一性的关键时期。

男女同一性发展没有区别，但女性更倾向于考虑自己与他人的关系，获得安全感，而男性考虑依靠竞争和能力给自己地位，获得尊严感。

3. 青少年道德认知的发展。

心理学家把道德发展划分为三个水平和六个阶段，每个水平又划分为两个阶段。

（1）前习俗水平分：惩罚和服从取向阶段及功利取向阶段；（2）习俗水平分：好孩子取向阶段和好公民取向阶段；（3）后习俗水平分：社会默契取向阶段和普遍道德原则取向阶段。

道德发展阶段是交叉的，特别是当个体开始越来越多地考虑其他人的观点多于自己的观点时，他的道德推理就从前习俗水平发展到习俗水平，即对个人幸福的关注发展到对其他人的关注，前进了一个水平，直到最后达到后习俗水平。

不同文化的道德发展趋势是一致的，10 岁以前，以前习俗水平为主，16 岁时习俗水平占优势。较高的道德阶段则随年龄增长而上升，道德发展具有固定不变的顺序。

青春期的道德判断主要以第二阶段和第三阶段为主，即：功利取向阶段和好孩子取向阶段，天真的利己主义和"好孩子的"倾向。道德发展的第二阶段，个体为了得到奖赏和满足个人需要，虽然对他人的观点有一些考虑，但是归根结底还是受利益的驱使，想回报自己的愿望。表现在评选先进、三好学生时，希望自己能够评上。

到了第三阶段，个体就是取悦、帮助，或者说得到他人的认同。青春期 80% 的人处于这个阶段，但与 10 岁儿童相比，他们的前习俗水平的道德判断有所下降，第三阶段道德判断起主要作用。在这一时期，处于第二阶段的人数迅速下降，同时也出现了第四阶段的道德判断。

处于第三阶段的个体进行道德推理时，主要参照社会群体，其思维受到他人的支配。到了第四阶段思维受到内部支配，有了理性的思考能力。青春期处于第四阶段的人数明显增加。

总而言之，青春期道德推理的发展，是从前习俗思维向习俗化的推理水平转化。青春期的道德仍具有不成熟、不稳定、动荡性的特征，容易两极化。品德不良、走歪路、违法犯罪，多数发生在这个时期。初中二年级是中学阶段道德最容易变化的阶段，是道德发展的关键时期。这个阶段的青少年品德发展可塑性大，到了后期，他们的道德发展逐渐趋向成熟。由于青少年所面对的社会环境的复杂性，他们要逐渐形成对家庭、同伴、社会中不同的道德规范和要求的认识。

五、青春期认知的发展

1. 记忆的发展特点。

记忆广度达到一生中的巅峰，短时记忆达到最高值；对各种材料记忆的成绩都达到顶峰，记忆的发展已进入一个全盛时期。

（1）记忆容量增大。记忆广度接近成人，达到了记忆高峰；（2）对图形记忆要优于词语；（3）有意记忆占主导地位。逐渐学会依据不同的教材内容，由自己提出恰当的记忆任务，主动选择良好的记忆方法；（4）理解记忆成为主要手段。机械记忆在10岁左右得到发展，之后，理解记忆逐渐代替了机械记忆；（5）抽象记忆为主。中学生形象记忆和抽象记忆都在发展，但抽象记忆的发展速度超过了形象记忆。

2. 思维的发展特点。

思维形式逐步摆脱了具体内容的束缚，假设演绎推理能力得到发展，掌握了逻辑法则发展的特点，属于形式逻辑思维，到了高中属于辩证逻辑思维。

（1）抽象逻辑思维占据主导地位。要求人们撇开具体事物，运用概念进行思维活动。初中二年级是关键期、成熟期。

（2）形式逻辑思维处于优势。这种优势是青少年思维发展和成熟的重要标志。

（3）辩证逻辑思维迅速发展。高中生形式逻辑思维已获得了相当完善的发展，辩证逻辑思维也迅速发展起来，在实践与学习中，逐步认识到一般和特殊、归纳和演绎、理论和实践的对立和统一，并逐步发展用全面的、运动变化的、统一的观点去认识问题、分析问题和解决问题的能力。

（4）思维的独立性和批判性显著发展。他们进入了一个喜欢怀疑、辩论的时期，不再轻信成人，开始能够有意识地调节、支配、检查和论证自己的思维过程。但是他们知识与经验不足，看问题还常常只顾部分，忽视整体，只顾现象，忽视本质，容易片面和表面化。

（5）思维监控能力的发展。它是青春期思维发展的一个显著特点，标志着思维发展趋于成熟。计划性、准备性、方法性和反馈性已接近成人水平。

3. 感知觉的发展特点

中学生能够稳定地、长时间地进行知觉，知觉事物的精确性和概括性不断提高，在空间知觉上有更大的抽象性，能够熟练地掌握三维的空间关系，知觉事物更有选择性、理解性、整体性和恒常性。观察事物能抓住本质，已经能够根据经验，对事物加以组合、补充、删减或者替代，从而形成比较完整的理解。高中生更能抓住事物的本质特征，从容、灵活地使用各种概念、定理或者规律，触类旁通、举一反三。但他们也有观察程序不合理、精确性不够、容易草率下结论等不成熟表现。如时间知觉，对较长的时间单位理解不太精确。

六、青春期个性和社会性发展

1. 自我意识的特点。

他们自觉不自觉地从外部世界抽回一部分指向主观世界，使自己的思想意识进入再次自我，从而导致自我意识发展到第二次飞跃。

透过他人对自己的评价来认识自我，通过对同龄人的认同感来认识自我。把整体我分化为"主体我"和"客体我"，自我接纳和自我排斥。十分关注他人对自己的评价。

青春期自我意识发展的特点：

（1）强烈关注自己的外貌和风度。时常梳头、照镜子、换衣服、积极发言、主动反映问题或者建议、伪装成大人等。

（2）深切重视自己的能力和学习成绩。渴望在公开场合下发言、上级领导找他谈话等。学习方面背地里偷偷用功，也想帮助别人获得快乐。

（3）有很强的自尊心，十分关心自己的个性成长。发现自己在才能、名誉或者境遇等方面不如别人，容易产生羞愧、怨恨、嫉妒等情绪。

2. 青春期情绪变化的特点。

烦恼增多。为在公众面前的个人形象而烦恼；为在同伴集体中个人尊严和社会地位而烦恼；为与父母关系出现裂痕和情感疏远而烦恼。为学习压力、性压力而苦恼，孤独感、压抑感增强。

3. 青春期自我中心的特点。

青春期自我中心表现是以人际关注和社会关注为焦点，把自己作为人际社会关注的中心，认为自己的关注就是他人的关注。实际上，出了社会以后，有很多人特别在意这段交往认识。

少年儿童的自我中心与青春期自我中心有些不同，那个时候可以用"独特自我"和"假想观众"来表征，缺乏人际关注和社会关注。我喜欢的认为别人也喜欢，完全自我。

4. 逆反期的表现（第二逆反期）。

（1）独立抗争。为独立自主意识受阻而抗争；（2）平等抗争。为社会地位平等的欲求不满而抗争；（3）概念碰撞。反抗的对象主要是父母，但也迁移到爷爷、奶奶、哥哥、姐姐，甚至老师。反抗的形式表现在，外显行为激烈抵抗、争吵。妈妈没有儿女个子高，嘴也说不过儿女，只有忍让；或者他们将反抗瘾于内心，以冷漠相对，不予理会，头也不抬出门去了。

5. 第一、第二反抗期的异同。

（1）年龄时段。第一逆反期在 2—4 岁；第二逆反期出现在小学末期至初中阶段，在 14 岁至 16 岁之间，突出表现在青春发育期，因人早晚而异。

（2）两个逆反期的共同点。首先都聚焦在独立自主意识的增强、向控制方要求独立自主权；其次，两个逆反期都出现成长和发展的超前意识，第一逆反期的儿童具有"长大感"；第二逆反期具有"成人感"。

（3）两个逆反期的不同点。第一逆反期的独立意识在于，要求按自己的意志行事，反抗父母的控制，反对父母过于保护和越俎代庖，其重点是要求行为、行事、动作上的自由；第二逆反期独立意识在于要求人格独立、社会地位平等、精神和行为自主，反抗父母或者有关方面的控制。

6. 帮助青春期孩子渡过逆反期。

逆反期是儿童心理发展的正常现象，也是发展的现象，不逆反的话，可能就不发展。帮助孩子渡过逆反期，应注意如下问题。

（1）父母、老师要认识和理解逆反期发展的意义；（2）父母、老师要正确面对儿童逆反期这一客观现实；（3）父母、老师要全面理解逆反期多种矛盾的焦点所在；（4）父母、老师必须正视逆反期孩子独立自主的需求。

七、青春期面临的心理、社会问题

1. 网络游戏成瘾。

为过度使用网络而导致，个体明显有社会功能性损害，其表现如下。

（1）不由自主强迫性地使用网络。

（2）在网络游戏中获得强烈的满足感、成就感、安全感。

（3）一旦停止使用，出现生理、心理的严重不适、躁狂。

（4）游戏中获得的虚拟感受，反过来强化上网的欲望，造成恶性循环而不能自拔。

2. 造成青少年网络成瘾的原因。

（1）网络游戏本身的迷惑性。

（2）青少年本身的人格不健全。

（3）社会、学校、家庭、老师对孩子压力过大。有四座山压在孩子身上，表现有四个最"书包最重、作业最多、起床最早、睡觉最晚"。孩子没有办法，也想去放松放松，谁知这一放松，就难以克制，一发不可收，加上缺乏坚强意志，只得将错就错。

3. 网络成瘾的发展过程。

初期，患者出现精神依赖；中期，出现躯体依赖；后期，出现严重的心理、社会问题。

4. 青春期精神分裂症。

患者表现：思维紊乱、不能控制情绪、人格混乱，脱离现实，扭曲事物。青春期发病率越来越高。导致精神分裂症的原因如下：一是与遗传有关；二是与青春期身心发展迅速、不平衡以及困惑、危机感有关；三是青春期性发育迅速和成熟、初恋、失恋等诱因有关，导致患者对性的妄想、幻想，也是青春期患精神分裂症的一个重要原因。

5. 自杀倾向。

（1）造成青少年自杀的原因。心理障碍、家庭环境、学校压力、不能面对个人遭遇的问题。

（2）自杀倾向有先兆。

6. 青少年犯罪。

引发青少年犯罪的因素：

（1）有些家庭成员为滋生儿童反社会行为提供了温床，忽视提前教育。

（2）同伴结伙、唆使和集体压力。

（3）处于发展过程中的青少年自身不成熟。

青少年犯罪的特点：

（1）犯罪年龄越来越小。

（2）犯罪人数越来越多。

（3）作案特点越来越暴力化、团伙化。

7. 青少年人生观、价值观的发展。

影响人生观、价值观发展的因素有：

（1）受个体成熟因素制约。

（2）受社会背景和文化条件制约。

（3）受家庭环境制约。

（4）受社会事件和个人遭遇的影响。

价值观是指个人对周围世界中人、事、物的看法，是判定是非的一种取向，它可以推动并指引个人做出决定。价值观萌芽在幼儿期、童年期。随着年龄的增长和认知能力的发展，青少年开始对周围世界有了新的认识，意识到父母价值观的局限性，以重新建立自己的价值观。于是，由童年期具体的向青少年期抽象的价值观过渡。

八、青春期家庭教育

青少年是亲子冲突的高发期。一般来说，初二年级亲子冲突处于巅峰，升入高中后逐渐缓和、回落。在孩子眼中，青春期之前父母的形象至高无上，进入青春期后发生了微妙的变化。

一是情感上的脱离。由于在情感上有了其他的依赖对象，与父母的情感便不如从前了；二是行为上的脱离。要求独立的愿望十分强烈，反对父母干涉和控制；三是观点上的脱离。他们不愿意接受成人的观念，喜欢自己进行分析判断；四是父母榜样的力量削弱。其他成人形象通过各种途径进入他们的心中，父母就显得黯然失色了，这就削弱了父母的榜样作用。

1. 青少年的变化。

（1）转眼间，孩子已经十几岁了，又一个断乳期到了。心理断乳期是青少年随着身心的成长发育，逐渐从依赖父母的心理状态中独立出来，自己判断、自己解决问题的时期。心理断乳期不像生理断乳期那样明显，不能引起父母的足够重视。如果这时还把他们当小孩子来看待，他们就会厌烦，觉得伤害了他们的自尊心，从而产生反抗心理。

这时候的孩子，自我控制能力还相对较弱，常会无意识地违法乱纪。他们喜欢与人争论，但论据不足；喜欢发表见解，却又判断不准；喜欢批评别人，但又容易片面；喜欢怀疑别人，却又缺乏科学依据。然而，这才是他们最可爱也最宝贵的地方，这些都意味着他们从幼稚走向成熟。

（2）孩子出现"闭锁心理"现象。有了闭锁心理的孩子通常不愿意和父母说心里话，在家里越来越封闭自己，甚至关起门来独立想问题。这是为什么呢？

一是独立意识增强。喜欢用自己的内心和思想去认识世界、体验世界，遇到问题自己拿主意。在强烈独立愿望的作用下，还不够成熟的他们往往会选择和成人对立起来的行为宣告他们的成人感。

二是他们不再像小时候那样，把老师和父母的话视为权威。他们也想分享自己的见解，但又担心被父母不屑一顾。因此，他们小心地在心灵上加了一把锁，将内心的想法掩藏了起来。

三是有些父母不能发现孩子的成人感，事事替他们操办，不听取孩子的意见，这样的做法使孩子变得越来越疏远父母。

（3）孩子呈半成熟的状态，情绪容易两极化。当遇到那种缺乏思想准备、突如其来的劣性刺激时，他们容易出现不计后果的轻率行为。

2. 父母的变化。

孩子进入青春期时，父母也都迈入 40 岁了，开始进入中年期，步入人生辉煌的时期。然而，父母各方面的责任和压力也扑面而来。根据家庭生命周期理论，此时，父母对婚姻的满意度处于最低时期。"上有老下有小"是普遍的生活状态，经济负担更重，对自己的事业成就要进行重新评估，展望未来"人到中年万事休"的想法，让不少人陷入焦虑和恐慌，体能开始走下坡路，也在为自己的身体担忧。

3. 亲子关系好坏，责任在父母。

做父母的必须认识到，亲子关系的好坏与教养方式有关。不尊重孩子的人格，缺乏沟通和理解，过多干涉孩子的行为，使孩子受到伤害。父母也不要总拿自己的经历去要求、教训孩子，毕竟孩子的成长环境与父母的大不相同，孩子的价值观与父母也有较大的差异。

4. 减少唠叨、平等交流。

唠叨是父母的通病，容易引起孩子的反感，对于家庭关系是有百害而无一利的。

父母应放下架子，与孩子平等交流，共同商讨孩子学习、生活中的问题，使孩子的成人感得到满足，体谅孩子，尊重孩子的选择，不随意指责、批评孩子，能设身处地地为孩子着想。

5. 适当放手，让孩子拥有"私人空间"

拥有"秘密"是青春期孩子感悟自我、体验成长的重要方式。孩子越不愿让父母看到或者听到的事，父母越好奇，有时揪住一件事刨根问底，偷看孩子的日记、偷听孩子与同学的通话。其实，成人不想让人知道的秘密，孩子也同样有。父母的这种"偷窥"行为，不但有损于父母在孩子心目中的形象，而且还会令孩子对家庭失去安全感。

6. 化解压力，保持好心情。

青春期孩子充满烦恼、压力、情绪多变，父母要扮演好倾听的角色。当孩子心情不好的时候，一起来做一件事转移孩子的注意力。不要给孩子设立过高的目标，施加太大的压力。

7. 激励孩子扬长避短。

每逢考试，不分大考小考，父母总要问一问成绩，看一看分数。得了高分，父母要肯定，分享喜悦。得了低分，父母应该努力发现孩子的闪光点，鼓励他们。千万不要泼冷水，也不要数落孩子的过失。

8. 父母要让孩子自己做决定。

即使父母的想法一定是正确的，也要通过协商的方式，把自己的意见传达给孩子，让孩子权衡利弊后再做出选择。毕竟，孩子自己的事情，需要孩子付出努力才能实现。如果一味地用父母的威严压制孩子，孩子即使口头上同意了，内心也无法产生自发的动力。在这种情况下，孩子只是被动应付，不会奋发努力。比如，需不需要请"家教"，父母提出由孩子决定。

9. 父母要让孩子参与家庭事务的决策。

作为家庭一员，孩子拥有权利和义务，知道家里的事情。比如，家庭收入、人情往来、父母的工作情况、房子装修、购买家电等。可以开一个家庭会议，鼓励孩子说出想法，让孩子参与到家庭管理当中。又如星期天可让孩子去卖菜，体验父母挣钱的不容易、当家的难度，或者寒暑假让孩子当家一个月（一周），替家庭管账等。这样既能让孩子体会到父母的辛苦，又能增强孩子的家庭责任感。

10. 父母要互敬互爱，营造温暖家庭。

家是心灵的港湾，当孩子在外面的世界竞争中"遍体鳞伤"时，还可以回到温暖的家，有父母为他们"疗伤"，鼓励他们再次站立起来。一定要让孩子明白，不论何时何地，不管发生了什么，家里的大门永远对他敞开！

九、青春期女性教育

1. 女性健康教育。

青春期发生生理上的变化是自然的、正常的，既不必害怕和不安，也不必感到害羞和尴尬，重要的是了解这些变化，做好保健，保持健康。

处于青春期的孩子，能量代谢旺盛，食欲强、食量大。如果营养不良，不仅影响发育，还会导致疲劳、消瘦、抵抗力低，引起疾病，因此多吃蔬菜水果，不吃油炸食品、烧烤等垃圾食品。

青春期是形体定型的关键时期，遗传是一个方面，但后天塑造能使遗传因素中好的方面更好，不好的弥补和纠正，因此，体育锻炼要多、要全面，不要单一，避免身体的某一部分畸形发展。

2. 女性的经期保健。

月经来潮后，有一部分女孩出现经前紧张症和痛经。初潮时卵巢并未排卵规律，所以，月经周期也不太规律。一般一年左右可形成规律。

月经来潮前出现情绪异常现象，如紧张、烦恼、易怒、失眠等，这是正常的生理反应。痛经如果不严重也无须治疗，用热毛巾敷在腹部，洗个热水澡，不吃生、冷、辛辣的刺激食物。

女性的经期抵抗力下降，要注意保暖，避免淋雨、受凉、涉水、游泳，不要用冷水洗头、洗澡、洗脚，不喝冷饮。保持外阴部清洁，勤用温开水清洁，不要坐浴要淋浴，避免脏水流入阴道，要勤换卫生巾、内裤。

经期易出现疲劳和嗜睡，应注意休息，多吃营养丰富、易消化的食物，多喝水，不喝浓茶咖啡，保证充足的睡眠，适当参加文体活动，能引起腹肌、盆底肌的收缩与放松，对子宫起到按摩作用，有利于经血的排出，还可以缓解紧张等不良情绪。

4. 女孩的乳房健美。

有些女孩认为乳房大了难看，为此羞涩不安而束腰，影响肺活动，不利于乳腺发育，会导致乳头凹陷。同样也有少女因乳房小而困扰，乳房大小不会影响生理功能。女性的乳房发育到十七八岁才较丰满。运动、按摩有助于乳房发育。

女孩在 15 岁左右乳房发育基本定型，应及时佩戴合适的文胸，能保护和支撑乳房。晚间睡眠要脱下文胸，否则会影响血液循环，妨碍呼吸，也影响睡眠。

5. 对异性爱慕。

情窦初开，越来越喜欢与异性交往，愿意互相接近，互相怀有好感。观看球赛有异性觉得特别精彩。劳动、活动时，有异性参加，会感到特别有趣，双方的言谈举止也格外的客气和礼貌。喜欢在自己所钟情的异性面前"逞能"，以展示自己的才华。她们开始注意仪表，讲究发式、服装，留心自己被异性评价，观察异性对自己的反应，总想为异性做点什么，不愿意在异性面前受人批评、指责。

跨入青春期的少男少女彼此爱慕、彼此向往是性心理发展的正常表现，产生的纯洁、真挚的情感是高尚的、美好的。一般认为，从性意识萌芽到爱情产生，大致可分为三个阶段。

一是性疏远期。初中时青春萌动，感到不安，异性见面害羞、畏惧，活动也保持界限，但有说有笑，又打又闹。但当异性单独接触时，就像换了一个人，出现一种"相见不相识"的陌生感。

二是异性接近期。乐于在异性面前表现，产生男女吸引的重要阶段，喜欢接近。一起学习、活动，有男有女，情绪倍增、劲头十足。但情感隐蔽，试着接近对方，分不清是好感还是初恋。

三是异性眷恋期。一般从高中二三年级开始，形成一对一的专情行为，逐渐形成真正的爱情。

（1）出现性压抑与性紧张。只要生理发育正常，就会有性欲望出现，感到紧张。运用意志和理智的力量，控制和约束性冲动，是社会道德的基本要求。

（2）克服"体相烦恼"。都想漂亮是应该的，但不能吹毛求疵。打扮、照镜子、爱美没有错，如果追求高矮、胖瘦、大眼睛，过分节食就有问题。

外表没有道德不道德之分，外表与才能、成功也毫无关系，世界上真正丑陋的人并不多，但觉得自己丑陋的人却很多。即使漂亮的人也有缺点。所以，苦恼不应该是容貌，而是看法。

（3）性伤害。出现性渴望、性冲动、性幻想、性自慰是正常的，但有些孩子受影视、网络等的影响，使得孩子萌动的心跃跃欲试，导致性行为发生。

这是性教育的缺失，是孩子对性行为的后果估计不足。

6. 穿着大方、举止端庄。

（1）不穿过于裸露的服装，言行举止切忌轻浮。晚上放学按时回家，不要随便在别人家留宿。如果非要留宿，打电话告诉父母征得同意。走夜路遇到行动鬼祟的人，保持一定距离，并迅速向有光的地方或者店铺处靠近。

（2）不去夜总会。纸醉金迷的氛围青少年难以驾驭和克制自己。

（3）对付性骚扰。指言语和动作的性攻击行为，包括挑逗、污秽语言和下流动作。

对付性骚扰一要学会说"不"，别碰我、请走开；二要回避，不与异性单独接触；三要会缺席，约吃饭觉得不对劲，断然拒绝，不参加；四要会求助，立即拨电话或者呼喊。

（4）特殊保护。

自古英雄出少年。

这个时期的孩子，是生理发展的加速期，心理发展的不稳定期，身心发展的矛盾期，容易出现身心危机，容易出现心理和行为的偏差。成人感和半成熟状态是造成青春期心理活动产生种种矛盾的根本原因。

十、同步练习（可单选或多选）

1. 人的记忆广度达到一生中的巅峰是（　　）
A. 幼儿期　　B. 童年期　　C. 少年期　　D. 青年期

2. 少年期的思维是（　）

A. 具体形象思维　　　　　B. 形象逻辑思维

C. 形式逻辑思维　　　　　D. 辩证逻辑思维

3. 自我意识发展的第二次飞跃期是（　）

A. 幼儿期　B. 童年期　　C. 少年期　　D. 青年期

4. 第二逆反期发生在（　）

A. 2—4 岁　　　　　　B. 小学阶段

C. 少年期　　　　　　D. 青年期

5. 少年期的自我中心可用（　）概念来表征。

A. 独特自我　　　　B. 假想观众

C. 内在自我　　　　D. 重要他人

6. 少年期自我意识发展的特点包括（　）

A. 强烈关注自己的外貌和风度

B. 强烈关心自己的个性成长

C. 深切重视自己的能力和学习成绩

D. 有很强的自尊心

7. 青春期心理活动的矛盾现象包括（　）

A. 成就感与挫折感的交替

B. 心理闭锁性和开放性之间的矛盾

C. 心理断乳与精神依托之间的矛盾

D. 成人感与半成熟现状之间的矛盾

8. 造成青少年网络成瘾的原因包括（　）

A. 网络游戏的吸引力　　B. 学校压力过大

C. 家庭环境不良　　　　D. 自制力比较差

9. 造成青少年自杀的原因有（　）

A. 抑郁等心理障碍　　　B. 不良家庭环境

C. 学校强大压力　　　　D. 无力面对个人遭遇的问题

10. 青年期一般特征包括（ ）

A. 生理发育和心理发展达到成熟水平

B. 开始恋爱、结婚

C. 进入成人社会、承担义务

D. 生活空间扩大

11. 关于思维自我监控能力的发展，下列说法准确的是（ ）

A. 整个思维结构的统帅　　　B. 思维发展成熟的重要标志

C. 自我概念发展的必要条件　D. 青年初期已经进入成人水平

12. 青年自我概念的特点包括（ ）

A. 抽象性日益增强　　　　　B. 结构更加分化

C. 结构更加同化　　　　　　D. 更加组织性和整合性

13. 道德认知发展的第三阶段是（ ）

A. 惩罚和服从取向　　　　　B. 功利取向

C. 好孩子取向　　　　　　　D. 好公民取向

14. （ ）也许产生后果是会导致孩子防卫态度和抵抗心理。

A. 警告、责怪、威胁　　　　B. 说教、规劝、教训

C. 争论、辩驳　　　　　　　D. 建议、提忠告、提供解决办法

15. 孩子好奇、易怒、不稳定出现在青春期的哪个阶段（ ）

A. 11—12 岁　　　　　　　B. 12—13 岁

C. 14—15 岁　　　　　　　D. 15—16 岁

练习题参考答案

1. C	2. C	3. C	4. C	5. AB
6. ABCD	7. ABCD	8. ABCD	9. ABCD	10. ABCD
11. ABD	12. ABD	13. C	14. C	15. B

第七课 孩子都有啥心理疾病

◎课程导读

本课讲述心理疾病的种类和症状表现，包括认知障碍、精神障碍、意志行为障碍、妄想障碍、人格障碍，神经症和癔症等心理疾病。掌握感觉障碍、幻觉、思维障碍、自知力障碍、情绪障碍，其他心理障碍表现做一般性了解。

◎重点知识

精神分裂症、神经症、癔症
感觉障碍、知觉障碍、思维障碍
人格障碍、情商障碍
意志行为障碍、学商能力障碍

一、躯体疾病患者的一般心理特点

1. 对客观世界和自身价值观的态度发生改变，情绪低落，不够友好。

2. 把注意力从外界转移到自身的体验和感觉上，总觉得自己患有病。

3. 精神偏离日常状态，感觉时间发生变化，如看病的时候，总觉得时间过得特别慢。

4. 认知精神病和神经症。

我们都有一个共同的感觉，抑郁、焦虑越来越低龄化，神经病和精神病总是困扰着一部分人，给家庭、学校、社会带来了极大的焦虑。

（1）神经症和精神病的区别在于有无自知力，就是说，精神病病人无自知力，自己不感到痛苦，别人痛苦、着急，自己不着急。而神经症病人有自知力，能感到痛苦，能主动或者配合寻求咨询、就医。

（2）神经症病人大多通过心理疏导、训练能够康复，但精神病病人必须就医、吃药。精神障碍，目前尚不能找到损害的证据，存在下述症状：幻听、幻觉、妄想，活动过多、显著兴奋、行为紧张，并非由于抑郁或者焦虑引起，称之为精神病性的问题。

（3）自主神经系统的功能。自主神经又叫植物神经，分为交感神经和副交感神经。自主神经不受意识支配，但与情绪的表现有着密切的关系。交感神经能够提高机体唤醒水平，适应周围环境变化，而副交感神经则会消除机体兴奋、恢复或者维持安静状态。

这个神经活动的反射学说告诉我们，当孩子一旦抑郁发作，可做些体育运动、游戏活动和人际交往活动等调节身体的技能，预防、克制抑郁发作。

如登山、游泳、郊游、打球、交朋友、参加集会、阅读……

二、精神分裂症

精神分裂症具有感知、思维、情感、意志和行为等多方面的障碍，以精神活动不协调或者脱离现实为特征。患者通常意识清晰，智能完好，但在患病期间基本丧失自知力，多起病于青壮年，缓慢起病。

案例，一个高中女生认为自己的追求者甚多，受不了。无论是上课还是走路，男生都盯着她看，甚至连老师都喜欢，还说要和她谈恋爱、结婚。

她说，经常听到有人叫她，说她漂亮。其他女生嫉妒她，在背后说她坏话。她一出门，公安局的人就跟着监视，各种车辆都跟着她跑。

分析：该生出现幻听、幻觉、幻视。

1. 妄想障碍。

妄想障碍的临床表现：妄想内容有一定的现实性，并不荒谬。病程演进较慢，不易察觉。如看见别人嘴动，就说别人在说他坏话，看见一个女孩望了他一眼，就认为这个女孩喜欢他。

2. 急性障碍。

急性障碍是短暂性的精神障碍，两周内急性起病，起病前有相应的心因，3个月内基本能缓解或者痊愈。

3. 心境障碍。

情感性的精神障碍，常伴有相应的认知和行为改变，严重者有幻觉、妄想等症状。有反复发作的倾向，每次发作可缓解。

（1）躁狂发作。情感高涨、思维奔逸，精神运动性的兴奋。有轻度躁狂、精神病性的躁狂和无精神病性的躁狂。

（2）抑郁发作。情绪低落、思维缓慢，语言、动作减少、迟缓。有轻度抑郁、无精神病性的抑郁和有精神病性的抑郁，还有反复发作的特点。

（3）持续性心境障碍。每次发作达不到躁狂、抑郁，但反复出现心境高涨或者低落。

三、神经症

1. 定义和特点。

神经症是指非精神病性障碍。致病因素有人格因素、社会因素、心理障碍等。临床表现为：持久性的心理冲突，病人能体验到痛苦，但没有任何器质性的病变作为基础。有以下五个特点：

强烈的心理冲突、精神痛苦、持久性、没有任何器质性的病变作为基础、妨碍病人心理或者社会功能。

2. 心理冲突性质和特点。

心理冲突有常形和变形之分。常形心理冲突特点有：一是与现实处境直接联系，二是有明显的道德性质；变形心理冲突特点有：一是与现实处境没有什么关系，涉及的都是生活中鸡毛蒜皮小事，二是不带任何明显的道德色彩。

3. 神经症评定方法。

（1）病程。3个月以内为短程评1分；3个月到1年为中程评2分；1年以上为长程评3分。

（2）痛苦程度。轻度患者自己能主动摆脱评1分；自己摆脱不了，需要别人帮助才能摆脱评2分；无法改变，就是帮助也无济于事评3分。

（3）社会功能受损程度。能与人交往，只有轻度受损评1分；人际交往显著下降，回避社交场合评2分；完全回避社交场合，不能工作和学习，不得不休假或者退学评3分。

总分4—5分为可疑神经病，总分不小于6分为神经病成立。

但痛苦程度和社会功能受损程度必须考虑近3个月以上的情况。时间太短是不可靠的。

4. 常见神经症的种类。

（1）焦虑症。慢性焦虑症有明确的对象和具体内容的提心吊胆、紧张不安和过分警觉的一种慢性焦虑障碍。

（2）恐怖症。是以对特殊物体或者情景产生的强烈的惧怕为特征的神经性障碍。临床相：恐惧时常伴有头晕、晕倒、心悸、心慌、战栗、出汗，或者对恐惧的客体感到紧张不安、极力回避。

（3）疑病症。患者对自己的身体健康或者疾病过分担心，确信自己患有严重疾病，感到十分烦恼，体检和医生都不能消除疑虑。

（4）神经衰弱。临床相：精神疲惫、注意力难以集中、效率低下、回忆增多、联想增多，难以控制，精神容易兴奋也容易缺乏，对声、光、噪声敏感，易烦恼、易激怒，入睡困难、多梦、易醒，等等。

（5）强迫症。是以强迫和自我反强迫同时存在的一种心理障碍。临床相：体验到观念或者冲突都来源于自我，有自知力，感到异常，希望消除，但无法摆脱，因而焦虑和痛苦。

表现强迫思维、强迫回忆、强迫怀疑、强迫对立、强迫检查、强迫洗涤、强迫询问、强迫计算，等等。

案例，一个初中女生，因吃了脏东西后住院，之后，每天洗几十遍手，洗了又洗，甚至上课也要请假洗手，吃馒头也要洗了再吃，感到十分难受，就是克制不住，情不自禁地洗手。

四、癔症

癔症是一种没有器质性病变的精神障碍。

1. 分离性障碍。

是癔症较常见的表现形式，包括癔症性遗忘、癔症性漫游、癔症性身份障碍和情感爆发等。

癔症性遗忘：对自己经历的事情突然失去记忆。

癔症性漫游：患者突然、意想不到的漫游到离家很远的地方。

癔症性身份障碍：突然对自己原来的身份不能识别，以另一种身份进行社会活动。

情感爆发：常在与人争吵、情绪激动时，突然发作，哭啼、喊叫、打滚，捶胸顿足、撕扯衣服、撕扯头发、以头撞墙，言语和行为尽情发泄，把愤怒情绪全部爆发出来。

2. 转换性障碍。

表现为运动障碍和感觉障碍，多种检查均不能发现神经系统和内脏器官有相应器质性病变。包括痉挛发作、肢体瘫痪、感觉缺失、癔症性失明、失聪等。

3. 癔症特殊表现。

流行性癔症或者称癔症集体发作是癔症的特殊形式。

五、心理症状的表现

1. 感觉过敏。

多见于神经症和感染后虚弱患者。

2. 感觉减退。

多见于抑郁、木僵和意识障碍患者。

3. 内感性不适。

是指躯体内部性质不明确，部位不具体的不舒服感觉或者难以忍受的异常感觉，就是只知道疼但不知道什么地方疼，怎么疼。多见于精神分裂症、神经症和脑外伤后综合征。

4. 错觉。

对客观事物歪曲的知觉，正常人也有错觉。如两小儿辩日，说早晨太阳和中午太阳不一样，其实是一样的。

5. 幻觉。

指无对象的知觉、虚幻的知觉，并且对此坚信不疑。

根据感受器官分：幻听、幻视、幻嗅、幻味、幻触、内脏性幻觉。

内脏性幻觉：患者躯体内部性质明确、部位具体的异常知觉。多见于精神分裂症、脑外伤和严重抑郁发作。

案例，一个人住院说他胃里有一个啤酒瓶子，要求手术。然后，医生们就装腔作势地手术，拿出一个啤酒瓶。患者看后说，不是这个牌子的啤酒瓶，而是其他牌子的啤酒瓶。

内脏性幻觉与内感性不适，两者截然相反。

言语性幻听分：命令性幻听、争论性幻听和评论性幻听。幻听是临床上最常见的。如患者一看到别人嘴动就认为是在评论他，说他坏话；又如患者说能听到地球"轰轰"响的声音。

幻嗅：如患者说，我嗅到饭菜里有尸体的味道。

幻触：如患者说，我身上爬满了蚂蚁。

根据幻觉来源分：真性幻觉和假性幻觉。真性幻觉出现于客观空间，患者能感知到；假性幻觉存在于主观空间，患者不通过感觉器官就能感受得到。

根据幻觉产生条件分：功能性幻觉、心因性幻觉和思维鸣响。

功能性幻觉：与正常知觉同时出现、同时存在、同时消失。

心因性幻觉：强烈的精神刺激引发的幻觉，多见于癔症。

思维鸣响：患者能听到自己所思考的内容，多见于精神分裂症、脑外伤。

6. 视物变形。

患者看得的实物如大小、长短变形。

7. 窥镜症。

患者认为自己的模样发生变化，面孔或者体形改变了形状。

8. 思维奔逸。

患者思维活动增加、速度加快，语量多、语速快，口若悬河、滔滔不绝，容易被环境中的变化所吸引、转换话题。

9. 思维迟缓。

是一种抑制性的思维障碍，思维活动缓慢、联想困难、反应迟钝、思考问题吃力，语量少、语速慢、语音低沉。

10. 思维贫乏。

患者思想内容空虚、词汇贫乏、无应答性反应、回答问题非常简单。

11. 思维松弛。

患者联想松弛、内容散漫，回答问题不中肯，答非所问，与其交谈十分困难。

12. 思维不连贯。

患者在严重的意识障碍下产生的称为思维不连贯。

13. 思维中断。

患者既无明显意识障碍，又无外界干扰，思维突然中断。

14. 思维插入。

患者在正常思考过程中，突然插入另一个话题，自己的思想被外界力量夺走了。

15. 思维云集。

是一种不受患者意愿支配的思潮，强制性地大量涌现在脑内，内容杂乱多变、毫无意义，与周围环境无任何联系。

16. 病理性赘述。

患者在与人交谈时，夹杂了许多不必要的细节，又不听劝说，只管按自己的想法把话说完。

17. 语词新作。

患者自己创造一些文字或者符号，并赋予特殊意义，或者把几个不完全词凑成新词，以代表某种新的意义。

18. 逻辑倒错。

患者推理过程中十分荒谬，既无前提又无逻辑依据。

19. 妄想。

是一种脱离现实的病理性思维。妄想有三个特点：一是毫无根据，违背思维逻辑，得出不符合实际的结论；二是坚定不移，不能通过摆事实、讲道理纠正荒唐结论；三是自我卷入。

临床常见的妄想有：

（1）关系妄想，患者把与己无关的事物都认为与己有关。

（2）被害妄想，患者坚信自己被迫害，受妄想支配出现绝食、逃跑、控告、伤人、监视、下毒等行为。

（3）夸大妄想，患者夸大自己的能力、财富、发明创造等。

（4）自罪妄想，患者毫无根据的坚信自己犯了不可饶恕的错误或者罪行，应严厉惩罚，认为自己罪大恶极、死有余辜。

（5）疑病妄想，患者毫无根据的坚信自己患了躯体疾病或者不治之症，因而到处求医，即使检查、医学验证都不能纠正。

（6）嫉妒妄想，患者无中生有地坚信朋友对自己不忠，另有蹊跷，为此患者跟踪监视朋友的日常活动，或者截留拆阅写给朋友的信件。

（7）钟情妄想，患者坚信异性望着自己笑了一下，就产生了爱情，即使对方拒绝也认为是在考验，仍纠缠不休。

（8）原发性妄想，是指突然发生，与既往经历和当前处境无关，如妄想知觉和妄想心境等。

（9）继发性妄想，是以错觉、幻觉等精神异常为基础所产生的妄想，或者在某些妄想基础上产生的妄想。

六、学商能力障碍

1. 注意减弱。

注意疲劳，不容易集中，从而记忆力受到影响。

2. 注意狭窄。

患者注意范围缩小，有意注意减弱。

3. 记忆减退。

表现为记忆过程全功能的减退，元记忆和近记忆的减退。

4. 遗忘。

遗忘的类型包括：患者不能回忆疾病发生前、发生后所经历的事情，对生活中某一种经历完全遗忘。

5. 错构。

是一种记忆错误，对过去经历的事情、发生的时间、地点、情节上出现错误的回忆。

6. 虚构。

患者在回忆中，把过去从未发生的事情，说成确有此事，以虚构的事实来弥补遗忘的经历。

7. 发育迟滞。

指生长发育成熟以前，智能停留在低下水平，生活能力、交往能力、学习能力等方面落后于同龄正常儿童。

8. 痴呆。

痴呆是一种综合征，智能明显受损，学习、工作能力丧失，甚至生活不能自立，伴有精神、行为异常，痴呆是器质性的。

9. 自知力障碍。

患者丧失对精神疾病的认识，否认自己有病，拒绝治疗。总之，学商能力有障碍的孩子，表现在智商高但学习不好，存在阅读、写作、语言、注意力、数学学习等方面的障碍。

七、情商障碍

1. 情绪低落。

负面情绪增强，兴趣丧失、愉快感消失、忧心忡忡、愁眉不展、唉声叹气、自信心不足，感到自己一无是处，自罪自责，甚至出现自杀企图和行为，伴有思维迟缓、言语及动作减少，反应迟钝，多见于抑郁发作。

2. 焦虑。

与处境不相称的痛苦情绪体验，精神运动性不安，伴有身体不适感。

3. 恐怖。

对外界事物超出正常范围的恐惧，明知没有必要，却无法摆脱，伴有明显的自主神经功能紊乱，强烈的躲避意向。

4. 情感迟钝。

患者本来能引起鲜明情感反应的刺激却表现平淡，缺乏相应的内心体验，正常情感反应量减少。高级情感受损，如劳动感、责任感、义务感。多见于精神分裂症早期。

5. 情感淡漠。

缺乏相应的情感反应，对周围事物、事情漠不关心，视若无睹，表情呆板，对强烈刺激的事情也无动于衷。

6. 情感倒错。

情感反应与思维内容不协调，与现实刺激不相称。

7. 情感脆弱。

因为一些小事或者无关紧要的事情，而伤心落泪、无法克制。

8. 易激动。

很容易为一些小事而生气、激动、愤怒，甚至大发雷霆，持续时间一般较短。

9. 强制性哭笑。

患者在没有任何外界刺激的影响下，突然哭或者笑，这是精神障碍时较为常见的一种精神症状。

10. 欣快。

在痴呆的基础上"情绪高涨"，患者面带单调、刻板笑容，连他自己都说不清高兴的原因，因此，给人以呆傻、愚蠢的感觉。

11. 意志缺乏。

对任何活动都缺乏动机，不关心学业。在个人生活方面懒散，甚至连个人卫生也不顾及，经常独处，行为孤僻。对生活缺乏要求，对自己的处境缺乏自知力，毫不在乎，多见于精神分裂症衰退期。

12. 意志增强。

指病理性的意志活动增多，在躁狂状态情绪高涨时，患者不知疲倦、忙忙碌碌，常常"虎头蛇尾"、有始无终，结果一事无成。

13. 意志减退。

指病理性的意志活动减少，情绪低落，兴趣减退，意志消沉，不愿参加活动，经常呆坐，懒于料理个人学习、生活，产生抑郁状态，一般来说，患者还是能够意识到的。

14. 不协调性的精神运动兴奋。

患者的动作、行为与思维、情感活动不协调，杂乱无章，目的不明确，使人难以理解。

15. 木僵。

木僵分紧张性和抑郁性木僵两种。紧张性木僵患者表现为运动完全抑制，缄默不语，不吃不喝，往往保持一个固定的姿态，僵住不动。任何刺激都不能引起相应的反应和反射，肢体可以让人摆布，即使一个不舒服的姿势，也可以保持很长时间不动。白天木僵，晚上稍有活动，询问能小声回答。意识清晰，摆脱木僵状态后，能清楚回忆和叙述。

抑郁性木僵表现为长时间保持没有任何言语和动作，呆坐或者僵卧状态，生活不能自理。在强烈的言语刺激下，患者反应迟缓地点头、摇头，或者简单的低声回答，表情木然，有极其低落的情感反应。抑郁性木僵能持续数天，患者意识清楚，发作后有回忆。

16. 违扭。

患者对别人的指令和要求都予以拒绝，不仅不执行，反而做出与要求相反的动作，称为主动性违扭。如果患者对别人的要求不做任何反应，单纯拒绝，称为被动性违扭。

17. 缄默。

患者不言不语，也不回答问题，但有时可通过手势或者纸笔与人交流。

18. 被动性服从。

患者被动服从医生指令，或者他人要求，即使动作对他不利，患者也绝对服从。

19. 刻板动作。

患者机械刻板地反复重复一个单调的动作，常与刻板言语同时出现，多见于精神分裂症紧张型。

20. 模仿动作。

患者毫无目的地模仿他人的动作，常与言语同时出现，多见于精神分裂症紧张型，以木僵为主要临床表现。

21. 意向倒错。

患者的意向活动与一般常理相违背，导致其行为无法为他人所理解。如患者吃粪便等。多见于精神分裂症青春型。

22. 做态。

患者做出幼稚、愚蠢、古怪姿势和表情动作。如扮演鬼脸等。

23. 强迫动作。

是一种违反本人意愿，反复出现的动作。如强迫洗涤、强迫检查等。患者明知没有必要但无法摆脱，因此痛苦。

八、人格和生理心理障碍

1. 人格障碍定义。

指人格特征明显偏离正常，使患者形成一贯反应个人生活风格和人际关系的异常行为模式。

2. 人格障碍种类。

（1）偏执型，以猜疑和固执己见为特点。

（2）表演型，以感情用事或者夸张言行为特点。

（3）分裂型，以外貌、行为奇特、情绪冷漠为特点。

（4）强迫型，以追求完美、过分要求为特征。

（5）反社会，以违法乱纪、对人冷酷无情为特点。

（6）焦虑型，提心吊胆、一贯紧张、自卑、夸大危险。

（7）冲动型，情绪爆发时，有攻击行为。

（8）依赖型，不能独立解决问题，感到自己无能。

3. 心理生理障碍。

（1）进食障碍，分神经性厌食、神经性贪食和神经性呕吐。

患者有意严格控制进食的为神经性厌食症；患者冲动性的暴

食，继之又呕吐，使用腹泻剂、过度锻炼的方法，避免体重增加为特征的叫神经性贪食；患者反复发作的不由自主地呕吐叫神经性呕吐。

（2）睡眠障碍，包括失眠症、嗜睡症、发作性睡眠异常等。

如果患者自述头晕、心慌、恶心、失眠等，经医院检查并没有此身体疾病，那就是心理疾病。

心理疾病的种类了解之后，我们就可以对症下药，施以教育，把孩子从泥坑中拉出来，把孩子的心理疾病消灭在萌芽之中，让我们的孩子们健康成长，一步步地向着太阳走去吧！

九、同步练习（可单选或多选）

1. 内感性不适的特点有（　　）

A. 性质明确　　　B. 性质不明确

C. 部位具体　　　D. 部位不具体

2. 产生于主观空间的幻觉是（　　）

A. 真性幻觉　　　B. 假性幻觉

C. 主观幻觉　　　D. 脑内幻觉

3. 患者能听到自己思考的内容，这种症状是（　　）

A. 功能性幻觉　　　　　B. 心源性幻觉

C. 思维鸣响　　　　　　D. 内脏性幻觉

4. 思维贫乏和思维迟缓的一个重要鉴别点是（　　）

A. 语速是否减慢　　　B. 话语是否中断

C. 语句是否通顺　　　D. 话语是否流畅

5. 意识清楚时出现的谈话内容缺乏逻辑性，可能是（　　）

A. 思维松弛　　　　　B. 思维不连贯

C. 思维中断　　　　　D. 破裂性思维

6. 患者说话不切题，给人感觉"答所非问"这种表现是（ ）

A. 思维贫乏　　　　B. 思维迟缓

C. 思维松弛　　　　D. 思维散漫

7. 患者坚信朋友对自己不忠，这种妄想是（ ）

A. 被害妄想　　　　B. 钟情妄想

C. 嫉妒妄想　　　　D. 夸大妄想

8. 强迫观念的表现包括（ ）

A. 强制性思维　　　B. 强迫性回忆

C. 强迫性怀疑　　　D. 强制性哭笑

9. 下列属于原发性妄想的特点是（ ）

A. 突然发生　　　　B. 内容不可理解

C. 与当前处境无关　D. 起源于精神异常

10. 如果出现注意范围缩小、注意减弱，这可能是（ ）

A. 注意减弱　　　　B. 记忆减退

C. 注意狭窄　　　　D. 记忆增强

11. 患者把从未发生的事说成确有此事，这种表现是（ ）

A. 错觉　　B. 遗忘　　C. 错构　　D. 虚构

12. 关于神经症患者自知力的叙述，正确的是（ ）

A. 有自知力　　　　B. 无自知力

C. 拒绝治疗　　　　D. 主动治疗

13. 情绪低落的主要特点是（ ）

A. 精力充沛　　　　B. 忧虑不安

C. 愉快感缺失　　　D. 易激动

14. 患者对周围的事情漠不关心，内心体验缺乏的现象是（ ）

A. 情绪低落　　　　B. 意志减退

C. 情绪淡漠　　　　D. 情绪迟钝

15. 患者缺乏主动性和积极性，生活极端懒散的是（ ）

A. 意志增强　　　　B. 意志减退

C. 意志缺乏　　　　　D. 意向倒错

16. 精神分裂症患者的特点是（　　）

A. 智能低下　　　　B. 精神活动脱离现实

C. 意识丧失　　　　D. 自知力基本丧失

17. 抑郁发作属于（　　）

A. 神经症　　　　　B. 心境障碍

C. 情感性精神障碍　D. 非精神病性障碍

18. 神经症的心理活动性质是（　　）

A. 心理正常　　　　B. 心理异常

C. 精神病性障碍　　D. 非精神病性障碍

19. 心理冲突属于变形冲突的是（　　）

A. 一般心理问题　　B. 严重心理问题

C. 神经症性心理问题　D. 精神病性问题

20. 按照神经症评定方法，退学，回避社交，评分（　　）

A. 1 分　　B. 2 分　　C. 3 分　　D. 4 分

练习题参考答案

1. BD　　2. B　　3. C　　4. A　　5. D　　6. C　　7. C　　8. ABC

9. AC　　10. C　　11. D　　12. AD　13. C　　14. C　　15. C　　16. BD

17. BC　18. BD　19. CD　20. C

第八课 咋知道学生心理是否健康

◎课程导读

本课主要讲述心理健康定义、标志，评估心理健康标准，心理健康相关概念区分及内涵。心理健康和心理不健康的区分、标准。

◎重点知识

心理健康和心理不健康的区分

评估心理健康的标准

心理不健康状态分类，神经症鉴别与诊断

一、什么是健康心理学

健康心理学是"保健、诊病、防病、治病"的心理学。解决疾病患者的心理学问题，促进、维护人的健康心理学问题，躯体疾病的预防、治疗和康复心理学问题。

二、心理不健康分类

心理不健康包括一般心理问题、严重心理问题和神经症性心理问题。

1. 一般心理问题。

是由现实因素激发，持续时间较短，情绪反应能在理智控制之下，不严重破坏社会功能，情绪反应尚未泛化的心理不健康状态。

诊断条件：

（1）由现实生活而产生的心理冲突，有不良情绪。

（2）不良情绪断续 1—2 个月仍不能化解。

（3）始终保持行为不失常态，在理智控制下（没泛化）。

2. 严重心理问题。

是由强烈的现实因素激发，初始情绪反应强烈，持续时间长久，内容泛化的心理不健康状态。

诊断条件：

（1）较为强烈、对个体威胁较大。

（2）痛苦情绪持续 2 个月以上，社会功能受损。

（3）遭受刺激时可能失去理性控制（对象泛化）。

3. 神经症性心理问题。

诊断标准：

（1）内心冲突是变形的，神经症早期阶段。

（2）按神经症评定方法，总分 4—5 分。

（3）情绪出现泛化、社会功能受损。

案例（1）

一个初中女生，喜欢打扮，衣着整齐，但愁眉苦脸，说话时条理清晰，说到伤心处时情绪激动，多次哭泣。她出生在干部家庭，妈妈脾气大，动辄向她发火。她从小就小心谨慎，好朋友不多。

3 个月前谈恋爱，突然男朋友不与她来往，妈妈又给她找了一个工作，从此每天睡不好觉，为上不上学犹豫不决。该生听了同学的劝说，放弃了恋爱。现在回家有时妈妈冲她发火，白天上课打不起精神，做事心不在焉。最近考试倒退了 30 名，受到了老师的批评，心里更加烦躁不安。

这时，班主任该如何做这位学生的心理工作？属于哪类心理问题？

三、发挥对心理不健康分类的作用

1. 分类的用途。
（1）对孩子进行合理的诊断，弄清属于哪类问题。
（2）制订完整的心理疏导方案。
（3）进行疗效评估、心理健康状况探查。
（4）分类能帮助深入研究心理健康问题。
（5）是自我心理保健的需要。
2. 对心理不健康状态后果的自然预测。
（1）在 3 个月内，部分人有可能自行缓解。
（2）由于个人条件较差，短期内得不到化解。
（3）如果心理得不到疏导，可能成为神经症易感者。
（4）外界干预。比如亲朋好友、参加活动、谈话阅读等。
3. 健康心理和不健康心理的区分及内涵。
（1）概念区分。
心理正常、心理不正常、心理健康、心理不健康，这是我们学习、讨论心理学问题经常使用的概念。只有把这些概念区分清楚，把它们之间的联系梳理通顺，才可以排除诊断时的困难。

对于是否有病，精神科大夫和家长、老师都很关心，都是为了希望没有病或者治病。但有差别，前者是要治疗，鉴别出有精神障碍的人之后，要作为自己工作的对象；后者是要鉴别、诊断，甄别出没有精神障碍的人之后，要作为自己工作的对象。

从临床心理学角度出发，把人的心理活动分别用心理健康、心理不健康、心理异常三个概念来表达。

理论上，我们工作的对象是人的心理不健康，但实际上，工作对象包括心理健康，对心理健康的人，同样要甄别。

心理正常包括心理健康和心理不健康。心理不健康包括一般心理问题、严重心理问题和神经症性心理问题。

心理异常包括精神分裂症、人格障碍、神经症和其他精神障碍。

（2）健康心理和不健康心理的内涵。

健康心理内涵：

（1）静态角度，在某一段时间内，展现着正常功能。

（2）发展角度，在某一段时间内上、下波动，相对平衡。

（3）动态角度，是处于一种动态平衡的心理过程，涵盖一切有利于生存发展和稳定生活的心理活动。

不健康心理的内涵：

不健康心理活动是一种动态失衡的心理过程，涵盖着一切偏离常模而丧失常规的心理活动。

四、心理健康定义和评估标准

1. 心理健康定义。

心理健康是指心理形式协调、内容和现实一致、人格相对稳定的状态。

（1）身体、智力、情绪十分协调。

（2）适应环境、人际关系能彼此谦让。

（3）工作中能充分发挥自己的能力，过着有效率的生活。

（4）有幸福感。

2. 评估心理健康水平三标准。

评估标准与智力水平高低关系不明显，但明显与心理健康密切相关。因此，用"体验标准、操作标准、发展标准"的三标准去衡量。

（1）体验标准，以个人的主观体验和内心世界的状况，包括是否具有良好的心情和恰当的自我评价。

（2）发展标准，对个体心理发展状况进行纵向考察与分析。

（3）操作标准，通过观察、实验、测验等方法去考察心理活动的过程和效应，包括心理活动的效率和社会功能效率。

3. 评估心理健康水平十标准。

（1）心理活动强度。

是指对精神刺激的抵抗力。人的生活经验、性格特征、所处环境等都会影响人的抵抗力。

（2）心理活动耐受力。

是指长期经受精神刺激的能力。

（3）周期性节律。

如果一个人的心理活动的固有节律，经常处在紊乱状态，说明这个人心理健康水平下降了。

（4）意识水平。

以注意力品质的好坏为指标。如果一个人不能专注思考问题和工作，思想开小差，那么，心理健康就有问题了。

（5）暗示性。

指人的情绪和思维容易随环境的变化，给精神活动带来不稳，不同的人暗示性差别较大，女性比男性较容易受暗示。

（6）康复能力。

指创伤刺激中恢复到正常水平的能力。

（7）心理自控力。

指对情绪、思维和行为的自控能力。

（8）自信心。

指能恰如其分地评价自己和表现自己的能力，如果一个人在生活中不能提高自信心，那么可以说，此人心理健康水平不高。

（9）社会交往。

指个体与其他成员沟通交流的能力。一个人能否与人交往，参与社会活动，标志着一个人的心理健康水平。

（10）环境适应能力。

指个体随环境做出顺应性改变的能力。当生活环境突然变化时，能否很快采取措施去适应，标志着一个人的心理健康水平。

五、如何对心理问题形成初步诊断

一般心理问题诊断：

（1）询问是否有躯体疾病、生理问题、器质性病变。

（2）看有无自知力，若无自知力，便是精神病性症状。

（3）看内心冲突类型，若异常，便是精神分裂症和神经症。

（4）看情绪是否泛化，若情绪泛化，便是严重心理问题。

（5）确定对象心理问题持续时间、心理、生理、既往病史及社会功能影响程度。

案例（2）

患者自述：刚大学毕业，一想到找工作，就心慌、头痛、晚上睡不着觉，一个多月来，老是心静不下来。

她是家里的独生女，父母都是教师，对她从小要求严格，坐、站、走都要有规有矩。所以，她从小就听话，学习认真，和同学关系很好。但是胆子小，不爱在人前讲话，一讲话就脸红、心慌。

现在毕业了，不知道是考研还是找工作，是自己决定还是听父母安排。一想到面试，便更加心慌、头痛、多梦、入睡困难。

剖析：该生心理正常，属于心理不健康，一般心理问题。因为病程1个多月，没有躯体疾病，有自知力，情绪没有泛化，社会功能没有受损……

案例（3）

案例介绍：患者出生于干部家庭，是家里的独生男，性格内向，从小懂事，聪明好学，做事追求完美，考试成绩优秀。

3个月前，与同学发生冲突，老师说他想法幼稚，让他写检讨。他认为事情没有那么严重，自己的主张也没有错，不想写检讨，而且以前班上发生过类似事情。觉得老师霸道、偏心，无法面对，自己又没有解决办法。最近，心情烦躁，情绪较低落，吃饭不香，不想与人说话，无心学习，上课注意力很难集中，夜晚很难入睡、头痛。

剖析：本案初步诊断为一般心理问题，心理不健康。

严重心理问题诊断，诊断方法见上述。注意事项如下：

（1）力求与神经症性心理问题相鉴别。

（2）通常情况下，关系到个人发展前途的事，都属于高强度刺激。

（3）情绪是否泛化，区分心境影响。

案例（4）

案例介绍：患者兴趣广泛，富有爱心，性情中人，班干部，男士气魄，成绩优秀。

3个月前，爷爷因患疾病去世，他目睹了惨烈的场面，回校后像变了一个人似的，情绪低落，不愿与人说话，工作消极。与老师吵了一架后转身回家，总觉得有一口气出不来，开始吸烟。爷爷去世的场面经常浮现在脑海里，他有恐惧感，入睡难，感到人是那么脆弱，在死亡面前无能为力，开始怀疑人生，缺乏安全感，为此苦恼。父母和家人劝说无效。

剖析：本案初步诊断为严重心理问题。因为情绪泛化了。

案例（5）

案例介绍：患者，男，高中生。当前反复思考一些毫无意义的问题，急躁和睡眠障碍5个月。如"洗水果时，是多用一些水好还是少用一些好""消黄瓜皮时，是去皮厚一点好，还是薄一点好"，等等。

他也认为这些没有必要，但是控制不住地想。继而出现洗衣服时，总担心洗不干净而反复洗涤，已经晒在晾衣竿上又取下来洗，为此耽误了许多时间。

一次过天桥时，他出现了一种奇怪的想法，想跳下去试试，为此感到害怕，以后就不敢过天桥了。因此非常烦恼，遇到一点小事就大发雷霆、急躁。常到凌晨才能入睡，醒来昏昏沉沉，十分疲惫。由于这些问题的困扰，他的学习、生活受到严重影响，虽然尚能坚持应对，但感到苦恼，想尽快解决，请给予疏导。

剖析：本案初步诊断为神经症性心理问题，心理冲突变形。

神经症鉴别诊断：

（1）精神易兴奋和精神易疲劳。

与精神易兴奋相联系的精神疲劳。主要表现为，联想、回忆增多而且杂乱，注意力不集中和感觉过敏。

精神易疲劳的特点：疲劳具有弥散性，靠休息无法消除；疲劳带有明显的情绪性；疲劳不伴有动机的减退。

（2）情绪症状。

主要表现为：烦恼、易激惹、心情紧张。

烦恼与焦虑不同，健康人也烦恼，健康人烦恼有愉快的体验。而神经衰弱病人烦恼没有"我要快乐"的实际行动。

易激惹注意与精神衰弱患者的区别，精神衰弱易激惹发生变形，比如容易伤感，好抱打不平。

心情紧张，过度紧张的话有：紧迫感、负担感、神经过敏。

（3）急性焦虑。

主要临床相：发作不可预测；发作间歇期间无明显症状；突然开始，迅速到达高峰，发作时意识清晰，事后能回忆；表现强烈焦虑，有人格解体，濒死恐惧等痛苦体验。

鉴别诊断：

发作时可引起心律失常、脑缺血、冠心病；若发生在特殊场合，注意与恐惧症相鉴别；若存在心境低落、悲伤，要与抑郁症相鉴别。

（4）广泛性焦虑。

是一种以缺乏明确对象和具体内容的提心吊胆、紧张不安为主的焦虑。

主要临床相：显著自主神经系统症状，肌肉紧张（跳动），运动性不安；因难以忍受而担心、紧张又无法解脱，感到痛苦。

鉴别诊断：

如果心境低落、悲伤占优势，与抑郁症相鉴别；如果突然非诱发性焦虑发作，与惊恐发作相鉴别；如果存在恐惧并要回避特殊场景，要与恐惧症相鉴别。

（5）恐惧性神经症。

恐惧症包括社交恐惧症、场所恐惧症和特殊恐惧症。

主要临床相：害怕与处境不相称；感到痛苦伴有自主神经功能障碍；对害怕的处境回避，直接损害社会功能。

鉴别诊断：如果怕得病，要与疑病症相鉴别；如果出现强迫观念，要与强迫症相鉴别；如果出现抑郁症状，要与抑郁神经症相鉴别。

（6）强迫性神经症。

是以强迫和自我反强迫同时存在的一种心理障碍。

主要临床相：体验到冲动来源于自我；有自知力，感到异常，希望消除但无法摆脱，因而焦虑和痛苦。

（7）疑病性神经症。

主要特征：感觉过敏，对健康、身体过分注意。

（8）抑郁性神经症。

主要表现：兴趣减退甚至消失、对前途悲观失望、无助感、自我评价下降、感到精神痛苦、感到生活或生命本身没有意义。

抑郁性神经症特点：心情低落伴随着心理冲突，体重下降、早醒、负罪感等，没有躁狂史和类似病史，病前有人格缺陷，病程至少两年以上持续不愈。

对于轻度抑郁症，患了病应该药物治疗，不要用自责来折磨自己，因为自责对自己的病无法负责，也无法使自己的病痊愈。对于抑郁性神经症，委婉说明神经症是自己某种生活风格的产物，是一定行为模式的结果，与以前的生活态度直接相关，必须发挥主动性才能使自己走向健康。

案例（6）

案例介绍：一个男生，16 岁。3 个多月来，无明显出现诱因但逐渐出现敏感多疑，总觉得一位女同学喜欢自己，导致其他同学嫉妒，进而对他有意见。

他说，无论自己走到哪里，总能听见同学们在议论他。经过调查，他叙述的情况均不属实。

班主任问他："你怎么知道同学们对你有意见呢？"

他回答："我感觉到的呀，我同宿舍一个同学，因为对我有意见，就不在宿舍住了。"

班主任又问："你怎么知道同学们在议论你呢？"

他说："我听见的啊，他们说我配不上那个女生。他们现在还想害我。"

班主任又问："你怎么知道想害你？"

他答："我来这里的路上还听有人说，千万别回校，有人要害你。"

班主任说："如果我领你到医院做检查，你愿意去吗？"

他说："我又没有病，去做啥，我不去……"

剖析：初步诊断为精神易兴奋和精神易疲劳。

案例（7）

案例介绍：一个男生，学校篮球运动员。很有成就，人际关系良好，从小性格内向，对自己的身体健康非常关注。

最近，学校组织外出比赛，他在电视上看到一位马拉松选手，在比赛中突然倒地身亡，死因是心律失常。

患者开始密切关注自己的心脏，天天把脉、检查。一次检查心律过快，他就感觉心脏好像悬空，心脏出了问题，担心会突发心脏病死掉，于是，停课求医看病。

医生经过心电图检查后告诉他，心脏没有异常，可以继续参加比赛。但他一点也不相信，很害怕自己有病没有被诊断出来。继续四处求医、检查，还是没有器质性病变。

他觉得那些医生医术不高明，或者检查出了问题，却有意瞒着他。于是自己花大量时间去查阅医学书籍。结果，没有让他轻松，反倒使他更加焦虑、痛苦不堪。

现在患者只考虑自己的病，无法投入训练。因为心烦和朋友来往也越来越少，晚上睡不着觉，体重下降。

剖析：初步诊断为急性焦虑。

案例（8）

案例介绍：患者，女，21岁，职工。

患者过春节去超市购物，人多拥挤，觉得透不过气来，胸闷、心慌，突然感到"自己快不行了"，手脚发麻、浑身颤抖。因此，非常紧张、害怕。

她迅速离开商场，乘出租车到医院急诊，经检查未发现明显病变，经治疗后症状有所减轻。

正月十五参加一个晚会，她又有类似症状发生，经治疗后缓解。未查出有器质性病变。

此后，症状经常发作，每次持续十多分钟。时间、地点、场合均无规律可循，也无明显征兆，能自行缓解。她多次到医院就诊，服过安定类药物。

每次发作时，头脑清晰；不发作时，生活、工作均正常。目前害怕一个人待在家里，怕自己死去了别人不知道，外出也想要亲人陪同。患者说"这样活着受罪，不如死了算了"。

据观察了解到患者9岁时，被汽车撞过，当时害怕，时间一长就把撞车的事给忘了。14岁时，她母亲因突发心脏病去世。她性格内向，做事认真细致，人际关系良好，有一个妹妹上小学，家庭经济一般。

剖析：初步诊断为场所恐惧症。

案例（9）

案例介绍：患者女性，23岁，教师。

半年前，患者同事在交通事故中死亡，她受到惊吓后多虑，因亲眼所见。于是，担心母亲和家人被车撞死。反反复复考虑此问题，明知不一定发生，但还是控制不住地想，想摆脱但摆脱不了。

以后渐渐加重，反复检查自己的教案有没有写错，甚至还让同事检查。每天反复洗手，怕自己手上染了细菌。吃东西怕生病，不敢用手拿。严重时，每天多达几十次。明知没必要，但无法自拔。

患者为此痛恨自己，感到焦虑不安，情绪烦躁。晚上翻来覆去睡不着，白天没精神，严重影响工作，内心十分痛苦，迫切想治疗。

据观察了解到患者性格内向，自我要求严格，做事情必须做到最好，做不好就不做。父亲是教师，给了她很好的传统教育，使其养成认真细致的习惯。

剖析：初步诊断为疑病神经症。

六、掌握判断正常与异常心理活动原则

1. 主观与客观统一的原则、心理活动协调性原则、人格相对稳定性原则，这是心理活动三原则。

心理是客观现实的反映，任何心理活动或者行为，都必须与客观环境保持一致，如果一个人的思维内容脱离现实，心理活动往往不很正常啦，可能产生妄想。

人的心理过程包括认知、情感和意志，即"知、情、意"三个相互联系、相互制约的过程，各种心理过程之间协调一致的关系，保证人在反映客观世界过程中的高度准确和有效。

在长期的生活过程中，每个人都会形成自己独特的人格特征，一旦形成，便具有相对的稳定性，在没有重大外界变革的情况下，一般是不易改变的。如果一个人的人格稳定性出现问题，这个人可能心理活动出现异常了。

2. 对具有特异行为的人进行定性。

有些人行为很典型，如周期性的抑郁与躁狂交替发作，有助于"躁郁症"的诊断。患有神经症的人有求治欲望，出现精神病性的人很少主动求医。这时候"自知力"对神经症和精神病的鉴别具有重要意义。

3. 明确对心理问题的分类。

心理问题分两类，心理正常和异常。

心理正常包括心理健康和心理不健康两类。心理不健康包括一般心理问题、严重心理问题和神经症性心理问题三种。

心理异常包括精神分裂症、人格障碍、神经症性和其他精神障碍。

抑郁的感觉：在无边的沼泽中一片死寂，心情极差，想挣扎但无能为力。抑郁的人害怕交往、受伤、做错事，害怕别人讨厌、评价，害怕在竞争中失败，害怕阳光照不到我，躲在角落里。

七、引发心理问题原因

1. 生物学因素。

（1）躯体疾病、既往病史。

（2）疾病与心理行为间的因果关系。

（3）年龄与心理行为间的影响。

（4）性别与心理行为间的影响。

心理因素会导致生理方面的变化，生理功能的改变也会引起心理活动的改变。患有躯体疾病导致心理障碍，在病因消除后，心理症状也能逐步消除；当心理症状再次出现时，应先消除生物学因素。

2. 社会性因素。

（1）生活事件、人际关系、生存环境的影响。

（2）临床表现与社会生活事件的关系。

（3）社会文化与心理障碍的关系。

当患者问题是由社会性引起的，应当分析、查询，患者所经历的生活事件。注意消除负面、消极的因素，注意一个人对社会生活事件的认知和评价方式及风俗习惯等。

3. 心理因素。

（1）查看患者生长发育、认知能力情况。

（2）查看患者对现实问题有无错误评价。

（3）分析患者对人和事有无偏见、观念有无冲突。

（4）寻找患者记忆中有无负性情绪记忆。

（5）分析患者有无反逻辑思维和不良归因倾向。

（6）分析患者人生价值观观点（老眼光）。

认知因素致病是由于对事物的理解、概念的运用、推理的逻辑、自我评价的偏差与失误，所造成的心理问题和心理障碍。

与疾病有关的认知因素分两类，一是知识性的偏差，错误地使用概念；二是个性认知偏差，滥用逻辑、固执偏见。

八、心理诊断综合练习

案例（10）

案例介绍：一个高中女生，父母是老师，人长得漂亮，体形胖，人际关系好，朋友多，是学生会干部，工作勤奋能力强，深得师生好评。一年前开始减肥，但无论是少吃还是加大运动量，都无法达到自己要求的体重，为此心烦。

恰逢干部调整，她被调换到自己不愿去的落后班级。半年来心里很不是滋味，找朋友聊天、向老师汇报等无济于事，看什么都不顺眼，经常发火，甚至乱扔东西。

目前，她对体重很担忧，心里有说不出的烦恼。对朋友和老师的话都听不进去，以前经常召集会议，现在却经常找理由回避聚会，没有工作效率。

最近出现胸闷、头晕、没食欲、全身乏力、入睡困难等症状。认为老师不理解她，有时还与父母、老师顶嘴。

根据案例（10），做下面练习，可单选或多选。

1. 患者情绪是（　　）

A. 害怕　B. 没兴趣　C. 抑郁　D. 内心烦恼

2. 患者心理状态是（　　）

A. 强迫　B. 抑郁　C. 焦虑　D. 恐惧

3. 不能当作社会功能受损的是（　　）

A. 体胖　B. 工作效率下降　C. 发火　D. 调整班级

4. 患者产生心理问题的现实刺激是（　　）

A. 体胖　B. 不参加聚会　C. 班级调整　D. 胸闷头晕无食欲

5. 患者心理问题的特点是（　　）

A. 内心冲突　B. 人格障碍　C. 负性情绪　D. 社会功能受损

案例（11）

案例介绍：一个初中女生，三天前突然情绪激动，不停说话，哭泣不止。家在农村，曾有癫痫病史，昨天症状开始严重。

下面是班主任与她的一段对话。

班主任：你需要我给你提供什么帮助？

女生：我昨天看到鱼跟我跑，还要打人。

班主任：打谁？

女生：打我，我害怕不敢还手。

班主任：你还害怕什么？

女生：我们班上好几个同学都喜欢我，要与我谈恋爱。

班主任：你怎么知道喜欢你？

女生：他们知道我要来城里住，就早早地在学校等我。

班主任：你们家现在住哪里？

女生：市委大院内。

班主任：今天是几号？

女生：今天是星期六。

班主任：我现在领你到医院做检查好吗？

女生：我去医院做啥，我又没病。

根据案例（11），做下面练习，可单选或多选。

1. 该生看到鱼跟她跑，可能是（　）

A. 被害妄想　B. 幻听　C. 夸大妄想　D. 幻视

2. 该生说"鱼要打我"可能是（　）

A. 钟情妄想　B. 被害妄想　C. 夸大妄想　D. 嫉妒妄想

3. 该生说"就早早地在学校等我"，可能是（　）

A. 钟情妄想　B. 被害妄想　C. 夸大妄想　D. 自罪妄想

4. 该生说在"市委大院内"住，可能是（　）

A. 钟情妄想　B. 影响妄想　C. 夸大妄想　D. 顾面子

5. 班主任问"今天是几号"是想了解该生的（ ）

A. 空间知觉　B. 常识　C. 时间知觉　D. 智商

6. 对该生的初步诊断可能是（ ）

A. 恐惧性神经症　　　B. 人格障碍

C. 严重心理问题　　　D. 精神分裂症

7. 班主任对该生正确处理是（ ）

A. 转诊　B. 心理疏导　C. 精神科会诊　D. 药物治疗

心理健康有利于促进身心健康，对社会、家庭的安全有着巨大的影响，更有利于提高学习效率。可以快速帮助青少年建立正确的人生观。处于青春期的孩子，心理特别敏感，在这个阶段中，因为敏感的心理因素，容易受外界的干扰，刚建立的正确人生观就会崩塌。校园霸凌、顶撞老师、无故旷课、考试作弊，这些行为都是由心理问题导致的。问题发现越早，改正越快、越方便。

家长、老师若发现孩子的心理有问题，建议及时疏通或者以专业手段解决孩子的心理问题，使孩子的心理和身体得到放松，拥有健康的成长过程。

九、同步练习（可单选或多选）

1. 下列属于评估心理健康十标准的是（ ）

A. 心理活动强度　　　B. 自信心

C. 环境适应能力　　　D. 人格稳定性

2. 神经症性心理问题属于（ ）

A. 心理异常　B. 心理正常　C. 心理健康　D. 心理不健康

3. 心理不健康状态包括（ ）

A. 一般心理问题　　　B. 严重心理问题

C. 可疑神经症　　　　D. 精神病性问题

4. 下列属于一般心理问题特点的是（　　）

A. 无泛化　　　　　　　　B. 病程两个月以内

C. 暂时失去理智控制　　D. 理智控制下

5. 下列属于严重心理问题特点的是（　　）

A. 内容泛化　　　　　　　B. 强烈的初始情绪反应

C. 没有人格缺陷　　　　D. 强烈的现实因素刺激

6. 神经症性心理问题特点包括（　　）

A. 内容泛化　　　　　　　B. 现实刺激

C. 神经症早期阶段　　　D．社会功能受损

7. 下列心理不健康状态中，属于常形冲突的是（　　）

A. 一般心理问题　　　　B. 神经症性心理问题

C. 严重心理问题　　　　D. 可疑神经症

8. 对患者做出严重心理问题诊断前，应该分析（　　）

A. 是否有精神病家族史

B. 是否有器质性病变作基础

C. 症状能否用心理学理论来解释

D. 症状能否被心理咨询师所理解

9. 心理健康的标志是（　　）

A. 身体、智力、情绪十分协调

B. 适应环境、人际关系彼此谦让

C. 工作中能充分发挥自己的能力，效率明显

D. 有幸福感

10. 心理不健康状态包括（　　）

A. 一般心理问题　　　　B. 严重心理问题

C. 可疑神经症　　　　　D. 精神病性问题

案例（10）参考答案

1. D　　2. C　　3. ACD　　4. ACD　　5. ACD

案例（11）参考答案

1. D　2. C　3. A　4. C　5. C　6. D　7. AC

练习题参考答案

1. ABC　2. BD　3. ABC　4. ABD　5. ABD

6. ACD　7. AB　8. ABC　9. ABCD　10. ABC

第九课 好性格为啥有好命运

◎课程导读

本课主要介绍性格、人格、气质定义及特征，性格与气质的联系和区别。正确理解性格、人格等基本概念和结构类型。

◎重点知识

性格的概念和类型

气质外在表现

优化孩子的劣势性格

一、认知性格

一个人的成功除了好的习惯、心态以外，还必须有良好的性格。人生的悲剧归根到底应该是性格的悲剧，《三国演义》里的关羽，英勇无比，但性格刚愎自用，终于败走麦城而死。

人的一生稍纵即逝，要想获得人生的幸福，就要辛勤地去争取。而能够去争取的人，往往都是性格坚强、自信、乐观、豁达、勤奋的人，他们在困难面前不退缩，在失败面前不灰心。

心理学家指出"性格决定命运"。一个人的命运既不是先天决定的，也不是后天形成的。它是先天生成素质和后天经历相结合的产物。先天生成素质包括生理和心理两个方面素质，后天经历包括人生实践、修养程度、环境影响等诸多方面，两者相辅相成。

所以，在父母对孩子的教育过程中，培养孩子的好性格尤为重要。只有做到这些，孩子就会少一些感性的浮躁心态，多一些理性的平和心理。这样，在困难和挫折面前，他就会少一些怨天尤人，多一些积极努力，从而以德报怨，以勤补拙，创造人生的和谐与圆满。

做到以德报怨，更能彰显人性的光芒！

二、性格概述

性格是一个人对现实稳定的态度和习惯化的行为方式所表现出来的人格特征。性格是在社会生活实践中逐步形成的，具有一定稳定性，但不是一成不变的。由于每个人所处的环境不一，所形成的性格也会有不同的特征。有人把性格分为三种类型：

第一类是理智型和情感型，第二类是外倾型和内倾型，第三类是顺从型和独立型。

尽管性格各有不同，只要扬长避短，并不会妨碍事业上的成功。性格的行为方式一定要符合社会的规范，反之，行为方式如果不符合社会规范，性格脆弱、不稳定，极端的外倾和内倾，与社会格格不入，那就是性格缺陷、不健全。

三、气质概述

气质是心理活动表现在强度、速度、稳定性和灵活性等方面的心理特征。俗称脾气、性情或者秉性。

气质外在表现有：

1. 胆汁质。胆汁质的人，工作不知疲劳，精力充沛，行为外向，热情直爽。但脾气暴躁，情绪变化剧烈，难以自我克制。如《三国演义》里的张飞、《西游记》里的孙悟空。

2. 多血质。多血质的人，活泼好动，行动迅速，性格外向，善交际，容易适应环境。但注意力容易转移，兴趣多变，情绪不稳定。如《红楼梦》里的王熙凤。

3. 黏液质。黏液质的人，反应速度慢，行为内向，交际适度，踏实稳妥，情绪平稳。但循规蹈矩，不善言谈。如《西游记》里的唐僧。

4. 抑郁质。抑郁质的人，多疑多虑，做事认真、仔细，内心体验深刻，行为极端内向，敏感机智。但胆小、孤僻、寡欢，爱独处，不爱交往，动作迟缓，防御反应明显。如《红楼梦》里的林黛玉。

四、性格与气质的区别和联系

区别：气质具有先天性，受高级神经活动影响；而性格是后天的，受社会生活条件的影响。气质无好坏之分，而性格有优劣之别。气质范围狭窄，可塑性小；性格范围广泛，可塑性大。

联系：不同气质类型的人，可以形成相同的性格特征。气质可以影响性格形成与发展的速度，性格对气质具有明显的影响。气质类型不决定一个人的成就的高低。但气质和性格都能影响一个人的工作效率。

五、人格概述

人格是各种心理特性的总和，是各种心理特性组成的一个相对稳定的组织结构，是个体区别于他人的、独特的心理品质。

1. 人格的特性。

（1）独特性：每个人都有自己的独特的心理特点。没有两个人的人格是完全相同的。

（2）整体性：各种心理特征彼此交织、相互影响，构成了一个有机的整体。

（3）稳定性：各种心理特征不受时间、地点限制的，人格的结构是比较稳定的。

（4）功能性：人格对行为具有调节功能，性格影响行为。

2. 人格的结构。

人格包括人的性格和气质。气质反应的是人格的生物属性，性格反应的是人格的社会属性。

3. 人格的特征类型。

神经质：焦虑，生气，沮丧，敏感，害羞，冲动，脆弱。

外倾性：热情，合群，忙忙碌碌，寻求刺激，兴高采烈。

开放性：审美，感情丰富，尝新，思辨，想象力丰富。

宜人性：信任，直率，利他，温顺，谦虚。

责任感：自信，有条理，可依赖，追求成就，深思熟虑。

六、优化孩子的劣势性格

作为父母，对自己孩子的性格特征要深入了解，任何类型的性格均不是十全十美的，也不是单一表现出来的。对此，父母需要根据孩子存在的性格方面的劣势，进行优化。

1. 内向型性格。缄默、孤独，对人比较冷淡，但重感情、有正义感、疑心重、有攻击性。学习认真，任劳任怨，但往往僵硬死板、不善交际、缺乏自信，容易钻牛角尖，有"不达目的，誓不罢休"的劲头，一旦认定的事情就很难改变。其性格优化建议：

（1）培养广泛兴趣爱好；（2）积极参加集体活动；（3）与人交往、善于宽容；（4）尊重信任他人；（5）观察别人的需要、乐于助人。

2. 外向型性格。表现为活泼开朗，善于交际、不拘小节，能够迅速和周围人建立起融洽关系，很快地沟通人际间的感情，善于说服别人接受自己的观点和主张，鼓励别人和自己合作。他给人的印象是很好，因此，他拥有大量朋友。他的态度积极，很少见到他唉声叹气。其性格优化建议：

（1）对朋友要负责；（2）不要随便向别人求助；（3）做事不要逾距、把握好分寸。

3. 自卑型性格。孩子比较敏感、柔弱，想象力丰富，胆小怕事，依赖性强，感情用事，缺乏耐性，好冲动，不冷静。常常因为一点小事而内疚。不是因为他做错了，而是因为他觉得自己做得不理想、不完美。生活不可能都完美，这也正是他不自信的客观原因。这种性格的孩子当面对竞争和挑战的时候，通常采取逃避态度。他愿意和人交往，但又怕被人拒绝，想得到别人的关心和体贴，又害羞不敢亲近。其性格优化建议：

（1）分析自卑原因；（2）写下自己的才能和专长；（3）勇敢面对自己的恐惧；（4）投入学习、热爱生活。

4. 自信型性格。自信是一种优秀的性格，但不能过分。过高地评价自己就变成了自负，而自负是失败的开始。

这种性格的孩子，日常显得快乐、开朗，办事大胆、沉着，能独立行动，别人的意见也能听，一如既往地做自己的事情，有我行我素的气概。他不计较别人对自己的看法，从来也不去讨好别人，也不需要别人来讨好自己，自尊心较强，有时显得清高、孤傲，凡事只相信自己，处事主观臆断。其性格优化建议：

（1）虚心展望未来；（2）从挫折中奋起；（3）选择自己可以接受的限制。

5. 宽容型的性格。这种性格的孩子，不仅能独立地看待问题，而且还能站在别人的立场上看问题。他对人持有好感，不在背地里说人坏话，没有嫉妒之心，心胸开阔，性情温和，有宽容、博大的胸怀。他能够关心他人，希望别人得到幸福。当别人取得好的成绩时，他有可能真心地祝愿。当别人处在危难之时，他会主动伸出手热情相帮。当别人犯了错误时，他会谅解。其性格优化建议：

（1）容忍并接受他人的观点；（2）发现和承认他人的价值。

6. 虚荣型性格。虚荣心人皆有之。这种性格的孩子，喜欢分析思考、激进。习惯于说服别人、指导别人。争强好胜，自我显示。对人的态度常常比较轻狂，目中无人，还自作主张、自以为是。想象力丰富，不拘习惯，喜欢实验改革，拥护创新，没有框框，为达到目的不择手段。其性格优化建议：

（1）树立正确的人生目标；（2）追求真正的荣誉；（3）学会认识自我。

7. 果决型性格。其性格活泼，落地有声。独立自主，自强不息。为人比较霸道。好奇心强，敢冒险，有魄力，抓住时机立刻决断。他通过个人的奋斗能够获得成功。他的志向远大，积极进取，精心打造未来生活，期望一天比一天过得更好。他做事有条不紊，规规矩矩，同时注重感情，热烈似火。其性格优化建议：

（1）必须有自己独到的见识；（2）必须有过人的见解；（3）要立场超然、当局不迷；（4）要认识英明决断是抓住机会的保障。

8. 优柔寡断型性格。这种性格的孩子，一般表现保守、沉稳，照章办事，墨守成规，事事迁就，朝令夕改，缺乏创新精神，一般不能取得好成绩。当事业需要向前发展时，他一筹莫展。其性格优化建议：

（1）要有明确的目标；（2）要敢于冒险；（3）要努力保持最佳情绪。

9. 悲观型性格。经常忧虑、发愁、烦恼、苦闷。对人比较敏感，处事心软，胆小怕事，守规矩，做什么都小心翼翼，不敢越雷池半步。他总是自然而然地感到一种压力，至于为什么会有这种压力，他自己也说不清楚。有时怕人家笑话，有时怕自己做错事。他在为人处世方面有些腼腆，但对他人要求往往很高。不过他能和朋友患难与共。其性格优化建议：

（1）确认自己真正的感受；（2）好好注意情绪所带来的信息；

（3）要有信心、要振奋心情、相信自己能控制今天和将来。

10. 幽默型性格。这种性格的孩子，乐观、快乐，思维敏捷，自信十足，说话风趣诙谐，经常说些幽默打趣的话，在生活中主动扮演逗趣的角色。他们笑起来会发出"吃吃"的声音。哪里有这种人，哪里就充满了欢笑声。他们的想象力丰富，常常会有一些惊人的举动。其性格优化建议：

（1）要增强幽默感；（2）要加强幽默表达能力的培养。

11. 依赖型性格。没有主见，缺乏自信，总觉得自己能力不足，缺乏独立性，依赖性强。热情易受挫折，时常希望得到别人的帮助、同情。办事规规矩矩，"从众"心强，为人处世甘愿置身于从属地位。面子薄，和人打交道时吃了亏也不会据理力争。善于奉承别人，也期待别人的赞美。缺乏自我反省能力，常常将自己的缺点掩饰起来或者归咎别人。其性格优化建议：

（1）承认自己的依赖；（2）要认识依赖的心理危害；（3）寻找他人帮助。

12. 冷漠型性格。情感细腻，沉默寡言，性格内向，对人客气、彬彬有礼，但疑心重，不愿与生人多打交道。表情冷漠，从容镇静，常常表现得矜持、高傲，对佼佼者漫不经心，视若无睹。他们善于克制，循规蹈矩。做任何事情均一丝不苟，但眼高手低。他们怨天尤人，觉得自己怀才不遇。缺乏好奇心，不爱运动，不喜欢集体活动。这种性格的孩子，在生活中时常表现出一种冷漠、消沉、不在乎、无所谓的情绪和消极态度。其性格优化建议：

（1）要努力使自己定位清楚；（2）要勇于提出自己的要求；（3）要敢于踊跃发言；（4）要积极推销自己、学会边做边学。

13. 热情型性格。活泼、开朗、笑声爽朗。爱与人交谈，话多而直爽，真诚而热情。容易满足，精力旺盛。易兴奋、冲动，富有创造性。这类性格的孩子，是行动派的人，一件事情决定要做，马上就会付诸行动，非常果断和迅速，绝对不会拖泥带水，但往往轻率武断。其性格优化建议：

（1）要深入了解每一个问题；（2）做事要充满热忱；（3）要传播好消息。

14. 懦弱型性格。意志力弱，缺乏责任感。做事敷衍马虎、退让妥协，只顾眼前，得过且过，易动摇。人云亦云，随群附和。没有冒险精神，缺乏胆识与气魄。他们不喜欢华而不实的言辞，给人一种彬彬有礼的感觉。其性格优化建议：

（1）说出你的感受；（2）消除别人对你的操纵、做自己喜欢的事；（3）和支配你的人进行讨论；（4）宣布自己要独立的目标和内容。

15. 冒险型性格。喜欢体育运动，爱好刺激性的游戏，看的书是恐怖故事和探险小说。他们不喜欢按部就班、循规蹈矩地生活和学习，敢于提出自己的猜测，哪怕没有依据，宁肯犯错冒险。他们不愿把自己束缚在一种风格中，不怕逾越常规。喜欢凭直觉处事，在艰险和困难面前，他们酷似开拓者。其性格优化建议：

（1）尝试做一些自己不喜欢的事情；（2）向自己挑战而不是和别人竞争。

16. 急躁型性格。情绪易激动、脾气暴躁、喜怒无常、性格天真、直率、朴实。对人信赖、温和，为人光明磊落、刚正不阿，但往往缺乏理智、兴趣单纯。他们的心理承受能力差、急躁不安、过于兴奋。喜欢交友、过分殷勤，依赖他人却难以持久。受情绪支配，有时会过分计较得失。其性格优化建议：

（1）通过强迫自己去做一些紧张的脑力劳动来考验精神忍耐力；（2）以最佳的体力时完成任务；（3）体育锻炼、增强体质。

17. 冲动型性格。这种性格的孩子比较聪明，反应快，容易兴奋，精力旺盛。思想单纯，少有保守观念，富有进取心。心血来潮，感情冲动。直率热情，但热情有余而理智不足。表达感情时过于直露。他们喜欢以自我为中心，为人处世站在自己的角度。

他们缺乏自我控制能力，应对方式情绪化，好走极端。在生活中常常随便发脾气，无故招惹他人，说难听的话。没有耐性，急于求成，做事缺乏坚持。其性格优化建议：

（1）学会从别人的角度考虑问题；（2）生气时努力转移自己的注意力；（3）冷静下来后，要思考更好的解决办法。

18. 自律型性格。这种性格的孩子，情绪成熟，不冲动，意志坚定、顽强、能忍耐。待人诚恳、有责任感。做事认真、踏实、尽职尽责，能坚持到底。他们对自己追求的目标明确，可以容忍各种冒险，而坚决不允许改变既定的目标。他们意志坚定，遇挫折会忍让，能宽容小人对他当面的侮辱和不忠。但是，这种性格的孩子胆小怕事，没有远大理想，喜欢平静和一成不变，所以，总是原地踏步走和维持现状。其性格优化建议：

（1）自我规划；（2）自我纠偏；（3）把握原则，永不懈怠。

19. 朝三暮四型性格。这种性格的孩子，开朗，处世灵活，消息灵通，善于和人打交道，做事爱动脑筋、找窍门，但见异思迁，犹豫不定。确定学习目标时"朝秦暮楚"，今天想干这个，明天想干那个。执行时"三天打鱼两天晒网"。干事情"程咬金三板斧"。喜欢好高骛远，做出些不切实际的想法和举动。其性格优化建议：

（1）不要被别人的成功所诱惑；（2）不要为一时不出成果而动摇；（3）不要太看重名利。

20. 专注型性格。有实干精神，讲求实际，不喜欢高谈阔论。行动是他们的中心，信条是"干干干"。为了达到目的，他们心甘情愿地贡献出全部力量，长期地、不倦地、毫不动摇地向目标行进。他们对名誉并没有强烈的欲望，对他们而言，名誉是副产品，事业才是最重要的。其性格优化建议：

（1）克服自卑和恐慌；（2）保持头脑冷静；（3）不要人为地分散精力。

21. 执着型性格。这种性格的孩子，反应快、适应性强、开朗活泼、感情外显。自我意识极强，刚愎自用，听不进别人半句话。他们乐于助人、办事公正，不讲情面，平等待人，不徇私情，不趋炎附势，往往能得到很多人的赞许。

这一类孩子注重实干，但比较保守，还有点固执，不善变通，做事总是不给人留下商量的余地，所以，得罪了一些人。其性格优化建议：

（1）直面困难；（2）每个难题都有转机。

22. 勤奋型性格。勤奋好学，兢兢业业，不知疲倦。为实现理想，自强不息，勇于克服各种困难，从来不夸耀自己的成绩。坚信自己的事业一定成功。争强好胜，有进取心，对学习有高度的责任感。其性格优化建议：

（1）要紧紧把握现在；（2）不要怕吃苦；（3）注意劳逸结合；（4）保持头脑灵活。

总之，健康的人生需要有健康的性格。人生的许多不如意，许多疾患均与性格息息相关。人虽然不能控制先天的遗传因素，但有能力掌握和改变自己的性格，因为，人可以自己拯救自己，自己塑造自己，自己驾驭自己。

优化劣势性格会感到辛苦，但不优化会痛苦。性格都是自己养成的，我们有能力改变它！

七、帮助孩子不断完善自我

性格的灵活主要表现在为人处世的适应与变通上。为塑造、完善孩子良好的性格，必须做到如下三个"不苛求"：

1. 不苛求环境。人对环境的选择有一定的限度，在人与环境的主导面上，是人要适应环境、改变环境，而不是通过选择来调换环境。

适应环境表现了人的性格的灵活性。孩子的成长，经历了幼儿园、学前班、小学、中学、大学几个阶段。在这样一个过程中，每进入一个新的环境，孩子均会存在不同程度的生理、心理等方面的不适，有的甚至出现不良的情绪和行为。因此，父母要告诉孩子，要主动地适应环境、适应他人，而不是让环境适应自己，也不是让其他人来适应自己。

有的父母刻意给孩子选贵族学校，或者离开学校去租房子陪读，这种离开学校集体生活的做法，是不利于孩子劣势性格优化和锻炼成长的。

2. 不苛求他人。要承认、尊重他人与自己一样的选择，保护好他人的个性、习惯、兴趣等。因此，若发现孩子有自私、敏感多疑、缺乏爱心、目中无人等不良个性时，应马上予以纠正。告诉孩子，尊重别人的个性，是一种宽容，能忍让别人的进攻，则是更大的宽容。当然，宽容不是不讲原则，以柔克刚。

3. 不苛求自己。不苛求自己，不是说对自己低要求，正是为了更好地要求自己，只是这种要求是建立在能收到实效的基础上的。这样做一是可以超脱自己的情感，二是可以弹性处理。比如，有一些志向远大的学生，没有被重点中学录取，就一味地责备自己无能没有出息，这就是苛求自己。不妨把升学看作登山，先登上半山腰，最终也一定会登上"风光无限好"的山顶。

我们不能改变天气，但能改变心情；我们不能改变容貌，但能改变表情；我们难以改变气质，但能优化劣势性格。好性格有好命运。世上的确有好运，但好运愿意光顾有品格的人。

八、同步练习（可单选或多选）

1. 关于人格的表述，说法准确的是（　　）

A. 心理特性的总和　　　　B. 稳定的组织结构

C. 影响情感、思想和行为　　D. 具有独特性

2. 人格结构包括（　　）

A. 个性　　B. 能力　　C. 性格　　D. 气质

3. 一个人对现实稳定的态度和习惯化的行为方式是（　　）

A. 气质　　B. 能力　　C. 性格　　D. 秉性

4. 气质外在表现包括（　　）

A. 胆汁质　　B. 多血质　　C. 黏液质　　D. 抑郁质

5. 少儿遇事反应快，容易冲动，很难约束自己的行动，这个少儿的气质类型比较倾向于（　　）

A. 胆汁质　　B. 多血质　　C. 黏液质　　D. 抑郁质

6. 在人的各种心理特征中，最早出现而又变化最慢的是（　　）

A. 性格　　　B. 气质　　　C. 能力　　　D. 兴趣

练习题参考答案

1. ABD　　2. CD　　3. C　　4. ABCD　　5. A　　6. B

教育漫话

　　在家庭教育中，家长教育观念的转变是个根本性的问题，只要观点、方法正确，教育就能获得成功。希望家长朋友能够参考下面的内容改变一点，孩子受益一生。父母更轻松快乐，孩子更优秀出色，家庭更和睦幸福！

第一章 唤醒教育

唤醒教育有利于促进孩子身心健康的发展，对家庭、社会的文明影响有重大作用，还有利于提高人的工作、学习效率。可以快速帮助青少年建立正确的人生观和价值观，增强他们心理上的自我调节能力和承受抗压能力，消除心理隐患，健康的面对生活、学习，减少青少年的违法犯罪行为。作者认为唤醒孩子之前，应该首先唤醒家长和教师，因为他们都是教育者，教育者的责任就是唤醒。

唤醒说

唤醒是当下的一个热词，唤醒是教育的最高境界，也是教育的最高秘密。唤醒一词在词典里的解释是：叫醒，使醒悟。有两层意思，第一层是喊醒、提醒、呼唤；第二层使醒悟。关键是这个"悟"字，估计有人理解不到这一层，第一层"叫醒"大家都能理解，也能做到。第二层的"醒悟"就是清醒、自醒、觉醒、苏醒，教育者使他们明是非、知轻重、懂取舍。比如喊孩子起床，拍一巴掌说"快起床，晚了"，这没有"悟"的意思。一个"快"字，一个"晚"字，让孩子们的心跟泥潭一样恐慌，这是"喊叫"；如果轻轻拍一下小声说"起床"，孩子会马上会意识到、领悟到"时间到了"，这是提醒。唤醒是介于激发和自醒之间的一个词。教育的责任可解释为传道、授业、解惑。用最合适的一个词去替代它就是唤醒，教育的责任就是唤醒。教育的外力是引导、点燃、激发，内力是自觉、自悟、自醒，内力和外力共同作用形成合力，而形容合力最合适的一个词就是唤醒。唤醒语言实际上就是描述性的语言，说的时候，它避免了暴力语言，是一个真真在看、在听、在思考、在感受事物的过程。可见，唤醒能让孩子在迷失中辨明方向，在误区中及时觉醒，在诱惑中学会取舍，在困惑中冷静思考。

现在的孩子，光用养成教育、规则教育和正面教育恐怕不行，必须采用唤醒教育，先让孩子明白道理，孩子才能认可、听话。这种"唤醒"的教育方式，是影响孩子一生成长的教育。

唤醒孩子，从一本书开始读起

《唤醒孩子的人格自信》这本书，是根据作者 41 年的教学经验收集整理的教育专著。分上下两篇，上篇是家长课堂，下篇是教育漫话。该书以心理唤醒为出发点，针对当前"孩子难管、学生难教"这一问题，从"语言给孩子带来的伤害"这一原因出发，提供了新的语言沟通和新的教育方法，从培养人格自信的角度为教师和家长提供了教养指导，提出了唤醒教育、人格教育的观点。每一部分都有简便、具体的指南。例如，第六课，家教通法·释放角色。第一节，把孩子从负面角色中释放出来；第二节，如何看待孩子影响他们的行为；第三节，释放负面角色的五个技巧；第四节，为了什么和家长故事。通过四节内容安排，完整呈现了原因分析、现象解说、方法指导、爱的实践。与生活密切相关，都是实实在在的内容，解决了教育孩子中的许多难点、重点和焦点问题。阅读此书，在潜移默化中学会如何培养孩子的人格自信，对孩子今后产生重大影响，让孩子赢在起跑线上。

自信是精神方面的一个词，人格是气质、性格等方面的一个词，在众多家庭教育书籍中，以人格自信给书命名的很少见到。从这个意义上来说《唤醒孩子的人格自信》是开山斧，作者也是教育的开拓者。因此，唤醒孩子，从这本书开始读起。

自信并不一定取决于"他信"，但"他信"能推动、增强一个人的自信，要想实现孩子的自信和"他信"，最好的办法就是去唤醒。

有一个故事，说的是有一群孩子去森林游玩，走到林口，忽然听到一个声音说："孩子们，捡一块石头吧，会有用处的。"没人理会。孩子们走入林中，突然，阴云密布、狂风暴雨。又听到那个声音说："孩子们，捡一块石头吧，会有用处的。"还是没人理会。这时候，飞沙走石、天昏地暗、对面不见。又听到同样的声音说："孩子们，捡一块石头吧，会有用处的。"这时候，一个小孩摸了一块石头向前扔去，前面闪出一道金光，于是，孩子们走出了森林。

这个故事告诉我们，当你不知道事物（石头）有什么用处的时候，听话照做就行了。现在我想说："朋友们，阅读此书会有用处的。"

教育者的责任就是唤醒

《唤醒孩子的人格自信》这本书，明确了学校教育就是教书育人，教育者有两个责任，首先就是教好书。教书指的是传授知识，传授本领。传授不是灌输，而是引导、激励、点燃、唤醒，如此才叫教好书；再则是育人，立德树人，就是唤醒孩子的人格自信，做孩子心灵的唤醒师、雕刻师。

家庭教育就是唤醒孩子的人格自信。家长是孩子的第一任老师，也是终身老师，为孩子心灵的成长提供动力。家长、教师都是教育者，共同的责任就是唤醒。孩子原本就具有人格自信，教育者的责任就是去唤醒。

是什么原因导致"孩子难管、学生难教"呢？经作者潜心研究，得出结论：一是孩子缺乏自信或者是人格不健全，二是语言给孩子带来的伤害，三是孩子压力大，四是心理问题。如何解决这些问题？作者总结出大量的理论、技巧和实践经验。阅读此书，可帮助教子、改善亲子关系、增进师生情谊、提高教育水平。假如您还没有找到教育孩子的好方法，那么建议您读《唤醒孩子的人格自信》这本书，一定能帮到您。

苏格拉底告诉我们，每一个人心里想要的东西原本就在他的体内，这叫作"原本具有"。孩子的体内有你想要的任何东西，只需要你去唤醒。你想要他学习好他就自己学习好，你想要他听话他就会听话，问题是你要去唤醒。如果你不去唤醒，那就可惜了，唤醒才能体现"原本具有"。

唤醒需要家长和孩子共同努力，你的孩子心里原本具有你想要的任何东西，如果不去唤醒，你想要的就要不到，你想要的就是没有。

没有的时候，孩子的表现就不够好，是什么原因？孩子体内原本具有的东西都到哪里去了？分析可知，这是一种认知障碍，只要打破这个障碍，就能把孩子从泥坑中拉出来，而打开这个障碍的方法，就是唤醒。

如孩子不写作业了，当你批评的话将要脱口而出的时候，立即用"哇，不写作业是你想到的"去替代。没有婆婆妈妈的说教，这就是唤醒，比正面教育来得快，孩子改错也快。请记住"哇"字开头，这是技术，不是艺术，是幽默批评，称为"情景转移法"，就是让你避开易使你发火的情景，把心情调整过来，再开口说话，尽快结束双方不愉快的感觉。"哇"字开头，有快乐的感觉。

下面以"宽容"为例，谈一个宽容唤醒的例子。学生李某想买篮球但没有钱，刚好捡了300元，不想还给失主。这个错误不大，可以饶恕也可以不饶恕，总归要教育，培养孩子的人格。如果正面教育讲道理，孩子可能拒绝、不承认。如何唤醒呢？老师可以这样说："你的篮球打得不错，继续努力。你应该有一个属于自己的篮球，听说你没有钱，老师送你一个。"这就是心灵的唤醒，没有指责、批评，没有挑明事由，保全了李某的面子，没有钱是暗示语。可想而知李某接下来会如何做，他会主动把钱交出来，有钱的时候也会把篮球还给老师，也可能不要老师的篮球，自己买。也说不定今后他在打篮球和学习等各方面取得好成绩，增进了师生情谊，融洽了宽容教育。教育的艺术就是宽容，宽容能唤醒孩子的自信，宽容说明了一个沟通原理——"先谈心情，后谈事情"。学校教育并非单纯的文化传递，核心是对人格的唤醒。

下面举一例说明，唤醒孩子做人的良知。

良知是每个人内心深处的声音，它是人的生命的底线，没有它，人就成了废品、次品，唤醒良知要从热爱父母开始。现在的孩子大都从小"享受"到今天，不理解父母创业的艰难，不懂得人生的艰辛。可以这样唤醒：每次考试后，让孩子给父母写一封感谢信，连同成绩单一起给父母，父母会感到孩子懂事。这封信会像火把那样燃烧起来，点亮双方的心烛。孩子会更加努力学习，父母会更加倾心支持。

唤醒是人与人对话，是生命与生命交流，是人格唤醒人格。唤醒的方法各种各样，如信任、宽容、惊叹、鼓励、期待、发现、引导等，都是唤醒，都能产生神奇的力量。

从以上所举的例子可以看到，教育就是唤醒，唤醒就是教育，唤醒是教育者的主要责任。唤醒能让孩子在迷失中辨明方向，在误区中及时觉醒，在诱惑中学会取舍，在困惑中理智选择。

孩子的心灵一旦被点燃、唤醒，所产生的力量就难以控制。如果不唤醒孩子的心灵，父母的心永远操不完，话永远说不完，焦虑消不完，知识教不完。想让孩子优秀也是空谈。想给孩子一个灿烂的明天，就要去唤醒。教育的过程就是一个唤醒的过程，是一个心灵唤醒另一个心灵，是一朵云推动另一朵云。

唤醒，它存在于教育漫长的发展过程中，它躲在孩子转变的千钧一发时刻，它是黎明前的一缕曙光，它是成功到来时的一声呐喊！

做孩子心灵的唤醒师

心门不开，唤醒不入。

我们都有一个共同的感觉，孩子在被动的状态下，做一件事总是敷衍了事；在主动的状态下，总是做得很好。这是为什么呢？因为自愿就是心甘情愿、积极、主动。自愿是因为唤醒了孩子的内心，唤醒了生命，唤醒了自我。生命的激情被激发后，孩子的创造力觉醒了，认为自己不是在为别人改变。在自愿的状态下，孩子想象力丰富，变得主动、积极、有责任心，乐于奉献、明辨是非、触类旁通、探索未知，生命的自我价值提升了。被动的状态下就是被强迫、催促、抽打、谩骂、指责、喊叫，孩子心不甘情不愿、消极怠工，认为我是在为别人着想，为别人改变，久而久之，就会觉得自己没有什么东西可以给别人，只能索取，产生低能量，变得信心不足。

如何去唤醒孩子呢？看下面的例子。

1. 孩子在犯错的时候，指着自己的头问："这是什么？""头。""干什么用？""思考。""怎么思考？"这就是唤醒，唤醒打开了孩子的心门。第一次说的时候，孩子感到好奇，会停止犯错。第二次说的时候，指着自己的头，使个眼色就行了。这个方法能使孩子变得聪明，见效又快，从小让孩子养成用脑的习惯，称为"潜意识开脑法"，可以管住孩子，可以解决家教中的许多问题。方法、理论再好，关键要用、要实践。

2. 上课的时候说："同学们准备好了吗？开始上课。"这就是唤醒、提醒，尊重他人和自己，孩子们会注意听讲。

3. "妈妈想给你说个事，你方便吗？"这样的话是最尊重孩子的唤醒，孩子会觉得你在让着他、尊重他，他一定会配合沟通。

4. 看了孩子的作业说："看到你写作业的认真劲儿，我仿佛听到了你前进的脚步声。"这就是唤醒，看到的是当前的成绩，听到的是未来的希望。孩子以后会继续认真写作业。

5. 看到学生的跳高成绩比别人差一点时说："你的弹跳潜能很大，可以去打篮球。"不要说"差一点，太可惜了"，那会让孩子消极。

6. 小时候的爱迪生因为"笨"被赶出学校，妈妈拿到退学通知书后泪流满面。他问："妈妈，老师怎么说？"妈妈说："老师说你是个天才，长大能成科学家。"爱迪生后来发明了电灯，反话唤醒了他，他成了大发明家。

7. 爱因斯坦上小学的时候，因为"笨"做的小板凳很难看，引得全班同学大笑。老师很不满意，可他说："刚才交的是我第三次做的，虽然还不能使人满意，但总比前两只强一些。"老师说，看你的认真劲儿贵不可言。从此，爱因斯坦说话认真、吃饭认真、睡觉认真，做什么都认真，后来爱因斯坦成功了，成为大科学家。

8. 看了孩子的作文说："你描写鹰扇动着巨大的翅膀这句话我喜欢。"孩子就会在心里想：我还能写诗，明天写首关于鹰的诗让你看。如果说"你写的作文还不错"，孩子只是感觉不错，却没有写诗的意愿。这就是唤醒。

9. 有人问你的孩子怎么样，你说："我不担心那小子，他有自己的想法，也很有劲头，虽然成绩不好，但经常偷偷学习。"这就是唤醒，以后，他真的会偷偷地学习。

10. "丫头，听你说的话很有学问，多读书就是不一样。"这就是唤醒，以后她会更加努力读书。

11. 第一次走进孩子收拾的房间，发现床单两边不一样齐，不必告诉他床单两边要一样齐，要描述性地赞美说："我看到房间发生了很多变化，笔放在文具盒里，地干净、床平整，样样东西摆放得都很有条理。"孩子想：只要我认真做，会收拾得更好。你第二次走进房间，也许就会发现床单两边一样齐了。描述性地夸奖孩子做得好的地方，孩子会在这方面做得更好，想办法提高自己。可见，用描述性的语言唤醒孩子，确实能激发孩子的潜能和热情。

如果评价性地说："你收拾了房间，是个好孩子。"孩子会想他没那么好，只是把东西塞在床底下了——产生怀疑。这不是唤醒。

如果感受性地说："走进你收拾的房间，感觉很舒服。"这是一般性的唤醒，孩子只是感觉不错，但不会去整理床单两边，让它一样齐。

你怎样表扬孩子，孩子就怎样去做。你的说话方式影响着孩子的思维方式、行为方式、情绪和人生目标。

教育的目的就是最终达到不再教育，让孩子完成自我教育。一旦实现，孩子会全身心地投入体验，验证自己的思考，产生好奇心，自觉自悟，惊喜地感受知识的乐趣。悲哀的是很多家长教育孩子，不是抽打就是指责，不是强迫就是催促，孩子的心灵不是被唤醒，而是被伤害。

呵护好孩子澄澈的心灵，让他们见微知著，树立生命价值意识。

当有一天，孩子惊喜地感受到一种难以控制的生命力量的时候，教育也就触及其真正的本质——唤醒。我们不能一个劲儿地用自己的标准去强迫孩子、要求孩子，去做我们想要的任何东西，把孩子当作实现梦想的工具。只有唤醒，孩子才能焕发出旺盛的生命力，这才是教育工作者的境界和向往的目标。

有人说"我也想唤醒孩子，但说得容易，实则难以坚持"。开始确实有这样的经历，但多次试验证明，唤醒确实能改变孩子，你还是应该努力去尝试，起先要严格要求自己，几次之后，你会发现孩子开始变化。你要坚信，唤醒一定会效果显著，坚信你学的理论没有错。当看到孩子越来越认可自己能力的时候，就会给你继续坚持的动力，这的确需要克服困难，去努力实现。日复一日地唤醒孩子，会使孩子的大脑功能一天天增强，这样互利双赢，何乐不为呢？其实，习惯了唤醒，也很简单，只要描述你看到的就行了。开始有点难，因为你练习评价性的语言已经很长时间了，现在要改成练习描述，但不是有句话，叫"万事开头难"吗？

我喜欢描述唤醒，因为它切实可行，它是一个在看、在听、在感受事物的过程，它能激发孩子发现问题的能力，能让孩子变得主动、灵活、守时、负责任，也能写出感人诗篇。有一种智慧叫唤醒，你学会了吗？

朋友们，我们都爱自己的孩子，都愿意把最好的献给孩子，我们都是普通人，但也有改变的空间和潜力。和孩子生活在一起，不仅要耗费精力和体力，更需要付出爱心、智慧和忍耐。我们必须把父辈的智慧传承下去，多给孩子一个机会，多给自己一个机会，抛弃过去不良的恶习，不要忘记唤醒是我们的目标。

你的一个眼神、一次抚摸、一个礼物、一句话、一句格言、一首诗、一次谈话，都能让孩子如沐春风。你的信任、宽容、惊叹、期望、发现等都是唤醒，都能产生神奇的力量。不要把遗憾留给孩子，给孩子一个灿烂的明天。

在教育活动中，必须营造信任、鼓励、宽松、宽容、宽厚的教育环境和氛围，把更多的激情注入平时的教育教学活动中。一个学生如果学习差，并不代表他没出息。你要告诉他，工程师可能不识音乐，医生不一定会绘画，要帮助他建立起自信，找到他的长处，扬长避短。长处、短处就像硬币的两个面，没有本质区别，有时候，只要善于利用，短处就是长处。每个孩子都只有特点，没有缺点。

任何人为教育付出的任何努力都是值得的。

如何养成孩子的人格自信

对孩子的教育是从认知开始的，循序渐进、由浅入深。12岁以前必须让孩子认知一切规则，不得违反。比如别人都吃中午饭，他不吃，就让他饿一顿，不要让他去吃零食，直到他晚上饿了，就会体会到人必须吃中午饭。如果吃了零食，他会觉得不吃饭，吃零食也行，等他大了，再教育他吃午饭的规则就晚了。

一个懂得规则的孩子，长大后一定出色。

从生物的角度，"吃午饭这件事"早已在体内形成生物钟，到了时间，神经系统、循环系统、消化系统等就积极参与，食物能被很好地消化吸收。

"吃中午饭"原来就在孩子体内随肉体生长、血液流淌，这是祖先的智慧，印在孩子的大脑里，家长只要唤醒就好。人的大脑就像一部电脑，存储的信息一旦被触动，就会立刻"爆发"，自行搜索答案。我们只要在孩子的大脑里预先存储信息，遇到问题的时候，他就会按存储的信息去执行。孩子体内有你想要的任何东西，需要唤醒，需要激发，需要引导。

认知有三个高峰期，分别在三岁、三年级、八年级，三个高峰期是孩子智力发展的关键期，只要抓住关键期，就会有奇迹发生。

对于认知来说，有点困难。比如手里拿的东西没有掉下来，是摩擦力作用；当摩擦力逐渐减小，东西掉下来，是地球引力作用。趴在地上的蚂蚁永远也不会认知人在干什么，这就是认知的一个维度问题。认知困难是人的一个通病。唤醒孩子的认知，问"为什么"就行了。

如果我们每天能让孩子说三个"为什么"，孩子会越来越聪明。关于认知，有一本书叫《快乐观认知论》，能帮助孩子认知万事万物。在《唤醒孩子的人格自信》这本书里已有 30 多处讲到快乐。在吃穿不愁的今天，追求更高的境界 —— 快乐观、快乐主义，这是每个人内心的追求。从人类几千年的发展史来看，就是在不断追求快乐。快乐和幸福略有区别，有交叉、重叠的地方。目前，世界上还没有人给幸福下定义。我们只要想办法让孩子天天快乐，就会越来越聪明。快乐是和心灵、肉体分不开的，笑由心生，可以快乐。过去不好的东西，通过快乐修为是可以改变的。

人的生命过程，其实就是一个认知的过程、唤醒的过程。一个人从出生到死，一直都在认知、唤醒，一直都在接受"三全"教育（全息、全智、全人），全息、全智就是人类全部的信息和智慧。我们的血管里流淌着父辈的智慧，每一次唤醒，都让孩子的生命能量波增强一次，让孩子提升一次、兴奋一次、快乐一次。

举个例子说，水洒了，我们需要抹布，我们让孩子帮忙，孩子体内原本具有抹布的概念，立即就拿来了抹布。如果说"你把水洒了"，加个"你"字，意思就变了。孩子听了，就会不快乐，原因是你在埋怨、指责。我们的目的是需要抹布擦水，而不是追问是谁弄洒的。你去唤醒、提醒、激发、引导，想办法让孩子快乐。快乐可以改变一个人的认知。

如果不去唤醒，就对不起孩子。父母既然给了孩子生命，就应该好好培养、教育孩子，把孩子潜在的能力挖掘出来，好好保护孩子，成就孩子一生。让我们共同携起手来，把孩子从泥坑中拉出来吧！

养成孩子的人格自信，应注意从日常生活开始，在举手投足之间进行。比如，出门的时候，让孩子走在前面带路；开始走路的时候，要求孩子挺胸开肩；说话的时候，让孩子知道父母也有可能说错话；上公交车的时候，叫孩子坐第一排；做事情的时候，教育孩子要考虑后果，以及如何承担；在公开场合发言的时候要举手；受挫折的时候，鼓励孩子不丧气；人多的时候，有意表扬一下孩子；碰到问题的时候，征求一下孩子的意见；想找什么东西的时候，问一下孩子是否知道；讲故事的时候，设置悬念，让孩子猜想结果……

作者经过试验得知，培养孩子的人格自信，有一个简单可行的方法，就是慢跑。先跑 500 米，停一下，再跑 300 米，鼓励孩子再坚持跑 200 米，最后跑 300 米……

经常训练，可以提高孩子的忍耐力、自制力、自信心。孩子自制力不强的病根就是自信心不足，通过训练可以提高。

从生物学的角度看，人的自信是积累的、必然的，人的一生就是在不断地积累自信。从学爬、学走开始，每一次成功都给孩子的成长带来了一点自信。

释义人格自信

在人的成长过程中，人格的发展是最基本、最重要的。人格是什么？词典里的解释是：人的气质、能力、性格等特征的总和，或者人的道德品质。一个人的人格有相对的稳定性，但可以改变。

人格是不可侵犯的，一个人只能尊重另一个人的人格，不能欺凌另一个人的人格。想让孩子长大后出人头地，必须使其具备健康的人格，没有健康的人格是不合格的。纵观古今，凡成功人士都具备健康的人格。所以，从小注重培养孩子健康的人格，是令孩子将来变得优秀、出色的最基本、最直接的有效途径。

人格具有自我意识和自我控制能力，具有感觉、情感、意志。它可以离开人的肉体，离开人所处的生活条件而独立存在于人类的精神文化维度里。

自信是一个众所周知的概念，越来越被心理学家们重视。自信即"自己相信自己"。自信的定义很多，不同的研究者对自信的理解不同，所下的定义自然不同。从自信的能量角度理解，每个人身上都存在着一种自己不知道的巨大的潜能，这种潜能叫自信。一旦唤醒它，它所焕发的能量是不可想象的，这种能量究竟有多大，以后才能知道。自信就是相信自己，是能够根据自己内心的愿望进行思维，是对自我办事能力的确信。即使一种持久的人格倾向，也是一种自我评价态度，是一种对自己的真实感觉，自信是人的天性，每个人都有，强弱有区别。

自信就像人的能力催化剂，能将人的一切潜能调动起来。自信可以克服万难，化渺小为伟大，化平庸为神奇。

一个人缺什么都不能缺自信，自信是一种很玄妙的心理，在自信面前，一切障碍都是可以逾越、攀爬的。没有自信就没有追求的成功，没有信念的实现，世上万事唯有自信最强大。当你有了英雄的感觉你就成了英雄，当你有了天才的感觉你便成了天才，这就是自信的力量。

自信并不取决于他信，但他信能推动、增强一个人的自信。自信的核心是人格，人格的核心是自信，二者可以相互转化。

唤醒孩子的人格自信，是一种教育方法，用唤醒去教育孩子，就是唤醒教育、人格教育、自信教育，教育理念是唤醒。我们之前的养成教育、规则教育、正面教育都是要求孩子去做，而孩子往往不按要求做，或者做得不够好，就会与教育者发生冲突。唤醒教育、人格教育就不同，它能驱动孩子的内心，让孩子自愿去做。所以，唤醒教育、人格教育、自信教育是影响孩子一生的教育，是让孩子长大后更出色的教育，也是成千上万个家长渴望的教育。

教育孩子"一少二多三不看"

什么都可以等待，唯独孩子的教育不能等待。这是为什么呢？道理很简单，别的东西都可以重来，但人不可以。

想不想让孩子聪明？答案当然是想。如果孩子什么都不知道的话，会聪明吗？人都是知道的多了才聪明（聪明的法宝是赞美再加上游戏、阅读、运动）。想不想让孩子快乐？想。如果孩子什么都不懂的话会快乐吗？人都是懂得的多了才快乐（快乐的法宝是好奇心，保持好奇心就能得到快乐）。想不想让孩子上好学校？想。如果什么也不付出的话会有选择吗？

首先要做到"一少二多三不看"，即少吃糖和盐、多睡觉、不看手机。如果没有这三个毛病就好。蛋白质位于七大营养素之首（蛋白质、脂类、碳水化合物、水、矿物质、维生素、膳食纤维）。所有事物都含糖，我们平时吃的糖已经够多了，另外再吃糖就会糖过剩，导致孩子食欲下降、挑食、偏食、营养不良，易患近视，损伤眼球壁（包括角膜、虹膜、巩膜、视网膜等）。

早睡、多睡能令孩子得到充分的休息，休息和学习如同生物的共生、相互依赖，休息好才能学习好，休息是前提条件。晚9点以前睡，保证8—10小时睡眠。曾有人做过实验，把两条狗放进两个实验室，一条狗给它肉吃，就是不让它睡觉，见它睡就用棍子捅它，结果它7天就死了。另一条狗，让它睡觉，不给它饭吃，结果10天过去它仍活着。这个实验说明了休息的重要性，充分地休息才能高效率地学习，只有努力学习的人，才能真正懂得休息的价值。许多孩子不敢休息，因为一休息，家长就把休息和懒惰联系起来。

不看手机、规避网瘾问题。手机看多了，孩子连饭都不吃了。手机如同洪水猛兽，侵略着我们的身体细胞，占领了我们许多宝贵的时间，耽误了我们许多好事。其实，孩子聪明的诀窍和捷径就在父母脚下，不必舍近求远。"一少二多三不看"就是诀窍、捷径、秘籍。

你想要的东西，孩子体内原本就有，你想要他学习好，他就学习好；你想要他听话，他就听话。问题是你要去唤醒，如果不去唤醒就可惜了，唤醒才能体现"原本具有"。只要我们觉得孩子听话，他就听话。

记住：孩子在能接受的情况下就会听话。

当然，有的鸡蛋就没有出小鸡，是因为没有唤醒。臭蛋是永远唤醒不出小鸡的，装睡的孩子也是叫不醒的。鸡蛋从外面给力叫打破，从里面给力叫突破。里面的力突破就是小鸡，唤醒的是鲜活的生命。你是想要打破还是想要突破呢？这由你自己来决定，也只有你自己来决定。因为打破的是食物，突破的是生命。

唤醒需要孩子和家长共同努力，需要内力也离不开外力，形成合力才有效果。你的孩子心里原本具有你想要的任何东西，你只要去唤醒一下不就行了吗，如果唤不醒，你想要的就要不到。唤醒能使人快乐，快乐当下，未来光明。这八个字是秘诀，你想办法让孩子快乐高兴就行，将来前途就光明。快乐是与心灵、肉体分不开的，快乐时会让人们感觉世界的一切是美好的。当快乐的那一天便是遇到好事一天。

辅导孩子学习时，哪怕是一个记忆方法的唤醒，都能让孩子受益匪浅、浮想联翩，产生求知的欲望。千百年来，往往只有人告诉你学什么记什么，没有人告诉你怎么学怎么记，而怎么学怎么记才是孩子成才的真正武器，能够取得胜利。

家长、教师都不停地要求孩子这也学那也学，这也记那也记，就是没有告诉怎么学怎么记。孩子是只蝴蝶，剪掉翅膀让他与兔子赛跑，输了骂他是毛毛虫，孩子学差了怪孩子，孩子快乐吗？

为什么有人记性好有人记性差呢，这就是记忆的"轨迹"和"痕迹"两个概念。轨迹是记忆的方法，方法对，记得就快，痕迹是记忆的深度，痕迹深，就记得牢。

例如联想记忆法，马克思出生于 1818 年 5 月 5 日。他一生的最大贡献揭露了资本家剥削工人的秘密，创造了剩余价值理论。政治、历史课要求记住马克思的生日。

如何牢固地记住呢，可编一句话为"马克思一巴掌一巴掌打得资本家呜呜叫"。1818 年即一巴掌一巴掌，5 月 5 日即呜呜叫。这样的方法孩子哪有记不住的道理呢？

又如理解记忆法，爹是爹儿是儿，我是我爹儿，我是我儿爹。听明白了吗，讲一遍……明白了却又讲不出。

法则：听明白是假明白，讲明白才是真明白。

运用这个法则，每天让孩子把学到的新知识讲一遍，可快速提高学习成绩，增强有意记忆。

在《唤醒孩子的人格自信》这本书里，介绍了几十种过目不忘的记忆方法和怎么学习的方法，解决了怎么学怎么记的问题。

教育孩子时，如果说了下面想控制孩子的几句话，那么就毁了孩子的人格自信。

你怎么那么笨啊，没脑子。

你能不能快一点呀，慢死了。

你倒是说话呀，哑巴了。

胆子小能干啥事，一事无成。

不争气，让我太失望了。

不听话就不管你了。

哭哭哭就知道哭，闭嘴。

总是错滚出去，除了吃饭还会做啥？

以上这些话足以让孩子失去人格自信。看下面的例子，就能增强孩子的人格自信。

哪怕一句、一瞥，就会让孩子认为自己行。定时开展"优点轰炸"班会、家庭会，让每个孩子重新认识自己、知道自己，萌发自信。无论"轰炸"到谁，他们都会不好意思地说出自己的长处。如果有一个学生说不出来，他的心会流泪、惭愧，于是暗下决心，以后努力，修正自己，准备想办法改变自己，迎头赶上。开展"日念一好"活动，每天念别人的好，能够把差的转变过来，你一个劲儿地说他好，他不好意思了，就改变了。

从生物学的角度来看，自信是积累的。你说他一次好，他积累一次自信，说两次积累两次，一次次积累、叠加自信，促使他主动去改变。科学家们做过一个试验，对两盆花的其中一盆放音乐、说它好表扬它，对另一盆骂它、说它丑。三个月后发现，说它好的那一盆明显比另一盆漂亮、招展些。这说明：好孩子都是通过表扬培养出来的优秀产品，因为孩子体验了成功的快乐后更想成功。

从心理学角度来说，以上做法叫"主场效应"。让孩子展示自己、表白自己，他们感到受尊重、受重视，有自己的主体地位，有价值观，不会受到憋屈。

在家庭里，同样可以定时开个会，让孩子说说自己的长处。

唤醒是人与人的对话，是生命与生命的交流，是人格唤醒人格。唤醒的方法各种各样，如信任、宽容、惊叹、鼓励、期待、发现、引导等都是唤醒，都能产生神奇的力量。

孩子每天吃的食物，虽然你不知道有什么营养，但能使孩子的身体在天天长高，唤醒你不知道有什么作用，但能使孩子的大脑在天天增强。

第二章 家庭教育

每个人出生后最先接触的环境是家庭，并借助家庭生存和发展。家庭教育既是学校教育、社会教育的基础和延伸，又与学校教育、社会教育共同构成整个教育体系。家庭教育重要是因为它虽然只拥有"一点力量"，但这力量却是影响孩子发展的源头。

认知家庭教育

"家教"早于学校教育，先于家庭教育。家教和家庭教育的概念随着时代的变化而赋予新的含义，自孔子之后，逐步出现了个体家教和集体教育的形式。就在 10 年前，人们还普遍认为"家庭教育"就是"家教"，就是请个老师给孩子补文化课。实际上家庭教育大于学校教育，很多父母将大部分教育孩子的责任推给学校，不理解家庭教育。家庭教育概念主要包括：

（1）从教育性质看，存在于家庭内部成员之间相互影响。

（2）从教育者与被教育者关系看，是父母、年长者对子女的教育。

（3）从教育方式看，是潜移默化的教育和影响。

（4）从教育范围看，狭义指父母对子女的教育，大多指狭义，广义指家庭成员之间相互教育。

（5）从教育目的看，总目的是为国家培养人才，具体目的是培养子女适应社会生活能力和形成良好个性。

（6）从教育内容看，公德教育和私德教育，私德教育包括恋爱、婚姻、家庭观。

家庭教育概念包含影响、培养和教育三个含义。孩子在家里学到的许多东西，学校是给不了的。

下面打个比方来说明家庭教育与学校教育的区别。

老师传的是知识，家长传的是智慧、品德。家长是第一任老师，也是终身老师，为孩子心灵的成长源远不断地提供动力。家庭是第一所学校，帮助孩子扣好人生第一粒扣子。打个比方，把一座山投影在一个平面上就是一张地图，老师告诉孩子地图上的等高线：圈越稀、越大说明坡度缓；圈越密、越小说明山坡陡、山顶，这是知识。家长可以把孩子领到这座山上去实地看坡度、地形、山貌、矿藏等，学到更多的东西，一览众山小，这是智慧、品德。从这个意义上来说，家长的教育比老师的教育意义更大、更深远、更丰富、更具体。

家庭教育要做到十个不要

1. 不要在任何事情上把自己的想法强加给孩子。

2. 签订家庭公约要公平合理，孩子在不能领会"公约"的情况下违反了，不要说孩子说话不算数。

3. 相信孩子就不要怀疑，引导孩子就不要控制，接纳孩子就不要插手。

4. 苦口婆心但不要说废话。

5. 孩子表面看起来"懂事"，是在委屈自己，迎合家长，不要去表扬。

6. 不要去试探孩子对父母的爱。

7. 不要以说谎的方式去教育孩子不说谎。

8. 不要侵犯孩子的人格。

9. 孩子是因父母而来的，但不是为父母而来的。所以，不要把孩子当作实现自己梦想的工具。

10. 孩子不会哭给空气看，听他哭声的长短是在测验你的底线。不要打孩子的前脑，前脑叫总裁脑，情绪的控制靠前脑，前脑一旦受伤，人格都可能改变。大脑终生皆有可塑性。

孩子做作业拖拉的五种类型

孩子作业拖拉、磨蹭，说明不积极、不主动，没有被唤醒。缺乏目标，没有动力，目标明确才能产生动力。可根据孩子的实际能力，一次少做几个，"包产到户"，动力就有了。

心理课程，孩子的行为就已经告诉我们孩子缺了什么：哭是胆小缺自信；磨蹭缺目标；打人缺关爱；不学习缺动力；看电视缺陪伴……

孩子作业拖拉有五种类型：

1. 依赖型，不催不做。解决的办法是亲自示范一起做。

2. 缺乏时间型，时间到了没完成。解决的办法是：问他后果怎么办？让他承担自然后果。

3. 注意力分散型，一个劲儿做错题，做一会儿玩一会儿。解决的办法是先易后难、明确目标。

4. 缺乏兴趣型，靠逼着干。解决的办法是游戏化、比赛。

5. 天生懒惰型，就是不干。解决的办法是表扬、鼓励，只要他能认真做，就不错了，就是进步，慢慢来。

沟通方法：尊重孩子的感受，先谈心情，后谈事情。

解决孩子拖拉的问题要经过四个时期：反抗期、磨合期、倦怠期、适应期。

一般而言，孩子不听话，就是因为妈妈不会说话，孩子不想听别人说的话。反向思维，自己说的话听。想办法把那个话让他自己说出来不就行了吗？

只有冷暖自知，没有感同身受。

家庭教育点滴指导

作为家长，最重要的一点是，不能放任自流、不能随波逐流，

那样会让孩子在负面角色中陷得更深。我们的任务也是义务，就是把孩子培养成人，将来成为社会人。我们现在还能教他、说他，总有一天，教不了、骂不了、打不了他们的时候，怎么办呢？所以，要学会退出，把一切交给接班人。

1. 做到 8 个退出。

（1）3 岁，父母退出餐桌，让他自己吃饭不喂饭。

（2）5 岁，父母退出卧室，让他独立睡觉不依赖。

（3）6 岁，父母退出浴室，尊重孩子的隐私，从洗涤开始。

（4）8 岁，退出处处限制，应尊重孩子的个人空间。

（5）12 岁，父母退出厨房，自己要会做饭吃，体验辛苦。

（6）13 岁，退出家务，父母越偷懒，孩子越独立。

（7）18 岁，退出选择，家里的事、孩子的事可让他先选择。

（8）孩子结婚了，退出孩子的家庭，对孩子的事不打听、不过问、不干涉。现在是孩子当家做主，父母要退居二线。

2. 激活孩子大脑的三大法宝：运动、阅读、游戏。运动可产生神经传导物质，训练自控力；阅读是吸取信息最快方式；游戏是学习的最好伙伴提高智商。

3. 人的一生是一场马拉松，从起跑线上开始是要跑到终点的，没有所谓的"输在起跑线上"，任何时候都可以快跑。孩子学得慢一点没关系，人家练一次你连三次，结果是一样的。

4. 恶劣情绪损伤大脑：若 3 岁被打过一次，后来就可能厌学。允许孩子犯错，让他在错误中学习经验，吸取教训。

5. 培养自制力：设定规则不要超过底线，让孩子感到难受。

6. 如何让孩子听话：借第三者之口赞美孩子；给孩子一个发泄情绪的空间；提供选择，让他自己选；认真听取孩子的心声；别把工作忙当作你的借口；民主方式处理问题，解决不合理要求；用实际得失、利弊处理任性；注意引导孩子的从众心理。

7. 三句话上"北大"：责任是你方向，精力是你资本，性格决定你命运；复杂的事情简单做，你是专家；简单的事情重复做，你是行家；重复的事情用心做，你是赢家；想做的事情总能找到方法，不想做的事情总能找到借口。

8. 六句话爱学习：（1）你认真学习的样子真好看；（2）我需要帮助你什么；（3）语文考 30 分，数学考 60 分，说明你有数学天赋，加油；（4）作业完成了再去玩，心里踏实些；（5）是否用几分钟预习一下，上课的时候能学到的东西更多；（6）我发现你在变化了，有进步。

9. 低层次家庭：总想控制孩子，自己不自律，发火要求孩子；不倾听孩子；打探孩子隐私；拿孩子短处比人家孩子长处。

10. 育儿须知：环境要远离品质差的人；自立让孩子 3 岁穿衣服，6 岁洗衣服；主见要在 10 岁开始，自己决定处事；坚强，被人欺负时，打回去且要赢；习惯，不要靠近免费的东西；智慧多读史书；写作多读历史故事。

11. 心理课：破罐破摔，因为你是那样认为的，所以才摔；叛逆因为没有尊重他；记不住因为你说得太多了；手把手教都不会，因为能力不是教出来的，是在实践中悟出来的；不思进取，因为你欣赏他少了，缺乏价值；自立能力差，因为你包办多了；不感恩，因为你付出的孩子不需要，怎么让他感恩；淘气好动，与其管制不如分享合作；总让我失望，教育不是雕塑，他有思想；报了补课班，还是没长进，因为你没有激发他的动力。

12. 建立规则：恰当的边界，什么可做不可做，立规矩。自己做叫独立，打招呼叫礼貌，分享叫大度，道歉叫担当，尝试叫认知。做到：见人打招呼、公共场所说话小声音、不愿给爸说的给妈说、诚实不撒谎、你要什么直接说出来、说话时不要用手指人、吃东西不要浪费、想要什么自己先努力、不要和别人比较、不要先骂人打人

13. 孩子害怕的六件事：怕父母打架、怕父母不耐烦、怕大

喊大叫发脾气、怕不欢迎自己的朋友、怕在众人面前说自己。

14. 养育男孩做到：从给到要、有团队精神、不要物质满足、允许犯错、训练领导力、有钱没钱不依赖、承认委屈、多看名人专辑、经历磨难的人生。告诉他6句话：可以花钱，但要知道爸妈的辛苦；可以攀比，但要靠自己；不要对爸妈有怨言，我们一定会给你一切；不能假装努力，因为生活不是演戏；叫你学习，是为了你今后有更多的选择；可以哭但不能认输。

15. 陪伴的四个坑：敷衍多没解决、耐心差没控制情绪、回应少和孩子距离远、说教多厌恶。

16. 替代惩罚的方法：耐性不足乱丢东西时，做捡豆子游戏；爬高乱跳，站立；骂人抓人踢人，画画；吵闹不休，坐坐；暴力说谎，做看书写字；乱画乱丢，做家务；打架，罚打手心；抢玩具吵架，罚隔离。

17. 做到三个不：不叫醒，自己早起，孩子越独立；不包办，越自立；不唠叨，越成功。

18. 嘴里有"风水"：你说他行，他就行；你为他喝彩，他给你惊喜；你说他不行，他用行为证明；打击他，他会找证据证明你不对。

19. 家庭应忌：忌争吵，争吵灾难多；忌说气话、咒语，注意有矛盾；忌和父母争论对错，不和气；忌开过分的玩笑，留下阴影。

20. 父母是因，孩子是果：胆小，吓过他；自私，父母自私；性急，老逗他；不争气，抱怨过；没勇气，不鼓励；磨蹭，老催他；叛逆，坏脾气。父母坏脾气，孩子叛逆；父母强势，孩子自卑；父母老催他，孩子磨蹭。

21. 三不管：孩子自己的事、孩子的秘密、孩子的选择不管；五不惯：对父辈不敬、哭闹要赖、不做家务、自私、看手机都不要惯。

22. 做到三个三，能名列前三：写作业不说话、不吃东西、不看手机；写作业眼到（看清内容）、嘴到（小声朗读）、心到（用心思考）；写作业错字写三遍、错题做三遍、公式定理背三遍。

23. 五把刀毁孩子：唠叨、溺爱、干预、责备、期望。

24. 母子定律：妈淡定子优秀、妈上进子努力、妈努力子听话、妈友善子开心、妈付出子阳光、妈表率子独立。

25. 当孩子有问题时怎么办：不吃饭时，跑一跑；不动脑时，玩一玩；不听话时，背课文；早恋时，多关心；不干活儿时，不代劳；爱顶嘴时，多夸奖；玩手机时，多陪伴。

现今社会，众所周知孩子难管，学生难教。难管、难教的原因是现在孩子压力大才难管、难教。什么压力？有社会、老师、家长三座山压在孩子身上。表现有四个最"最重的书包、最多的作业、最早起床、最晚睡觉"。老师要求孩子学文化考满分，家长要求孩子样样学好还要考第一。都想让孩子优秀，又都想跳过那些婆婆妈妈的教育，直接进入实质性的教育。如何解决这些问题，经作者潜心研究，已找到这种教育，就是唤醒教育。《唤醒孩子的人格自信》这本书，就是解决大众关心的问题。

一般而言，孩子不听话是因为父母不会说话，是因为没有唤醒孩子的认知。只要认知问题解决了，孩子的问题就会迎刃而解。静下心来读完《唤醒孩子的人格自信》，一切答案尽在书中。

家庭教育分阶段指导

家庭教育是学校教育和社会教育的基础。家庭是人生的第一所学校，家长是第一任老师，家庭生活中父母对孩子的教育和影响，对其良好行为习惯、思想品德、价值观的形成，健全人格培养等都具有基础作用。

1. 第一阶段：0—3岁婴幼儿。

特点和主要内容如下：

这是儿童身心发展最快的时期，身高和体重迅速增长，神经系统结构发展迅速，感知觉飞速发展。遵循由头至脚、由大动作至小动作的发展原则，逐步掌握人类行为的基本动作，语言能力迅速发展，表现出一定的交往倾向，乐于探索周围世界，对父母有强烈的依赖感，道德发展处于前习俗水平阶段。

（1）提倡母乳喂养，加强乳房保健。在睡眠、情绪和健康等方面保持良好状态，在母乳不充分的时候，适时添加辅食，增加营养。

（2）日常养育和照料。多看、多听、多运动、多爬、多触摸、多游戏，按时预防接种，培养卫生习惯，注意饮食调配。做好儿童发育检测，及时发现异常表现，及早干预，学会倾听、分辨和理解儿童的多种表达方式。

如自闭症、多动症、暴躁症，这些症状在儿童时期就有些表现。家长要注意及早发现孩子的孤独症。孤独症也叫自闭症，是一种严重的心理病症。如果得不到及早治疗，孩子长大后，不仅会在社交、语言、行为上存在缺陷，还可能变得焦虑、多疑、自私，甚至会引发自杀等行为倾向。

一般来说，孤独症患儿在3岁左右就出现一些基本特征，如观察力和理解力较弱，对外界事物没有兴趣，你逗他笑他也没有笑意，常常一个人发呆，也不关注别人说什么；语言发展迟缓，不能理解别人的意思，无法沟通；常常坚持自己的做事方式，拒绝改变，天性身懒，性格内向等。

当父母发现孩子存在上述情形时，及早干预、教育和训练，帮助孩子提高自信、自理、自知等能力，为孩子营造一个良好的家庭环境，帮助矫正，给孩子更多的关心和爱护，让孩子感到家的温暖，帮助孩子多交一些朋友，让其孩子在友谊的土壤里滋润成长，使孩子性格变得活泼开朗。如果没有一个和睦的家庭环境，孩子的心灵必受到伤害。

（3）关注儿童需求。创设活动空间与条件，充分利用实物和现象，让儿童在爬行、观察、听闻、触摸活动中获得感知经验，促进感官发展；提供抓握、涂鸦、拆卸的机会、工具和材料，分享儿童的快乐，满足儿童的好奇、好玩的认知需要激发儿童想象力和好奇心。

（4）提供语言示范和安全意识。通过表情、肢体、言语与儿童交流，为儿童创设宽松愉快的语言交往环境，鼓励儿童表达、模仿和交流；消除居室和周边环境中的危险因素，防止意外发生。

（5）加强亲子陪伴和做好入院准备。不用电子产品代替家长陪伴，关注儿童情绪，帮助儿童平稳度过入院分离焦虑期。

2. 第二阶段：3—6 岁幼儿。

特点和主要内容如下：

这个时期，自我独立意识增强，开始表现出一定兴趣、爱好、脾气等个性倾向，愿意与同伴交往，乐于分享。依赖家长，会产生分离焦虑，处于道德他律期，自信心有所发展。

（1）感知家乡的美好。一起外出旅游、观看影视文化，了解有关家乡风景名胜、著名建筑、独特物产等。适时介绍国旗、国歌、国徽，观看升国旗仪式。培养儿童对家乡和祖国的朴素感情。

（2）培养儿童交往能力。尊重长辈、关心同伴、关注交往行为、关注他人感受，注意交往态度、理解他人情绪，了解他人需要，学会接纳差异。经常带儿童接触不同的人际环境。

（3）培养规则意识。结合生活实际，制订生活规范、游戏规范、交往规范等，增强社会的适应性。了解交通、医院、银行、学校、机关单位等概念。

（4）丰富感性经验。开展户外活动，参观科技馆、美术馆、博物馆，支持和满足儿童通过直接感知、实际操作和亲身体验获取经验的需要。

（5）做好入学准备。培养生活自理能力和劳动意识，参与家务劳动，树立任务意识、规则意识和时间观念，能正确地表达自己的主张。坚决抵制和摒弃让儿童提前学习小学课程的错误倾向。

3. 第三阶段：6—12岁童年期。

特点和主要内容如下：

这一阶段是儿童生理发展相对平衡、均衡的时期，入学学习是儿童生活中的一个重大转折。大脑仍在持续快速发展，以具体思维为主，逐步向抽象思维过渡。情绪总体稳定，偶尔波动。个人气质更加明显，能客观进行自我评价，注重权威评价。社会交往能力增强开始有较为稳定的同伴关系。学习能力逐步提高，学习策略逐步完善。自理能力增强。

（1）培养爱国情感。了解家乡习俗和中华民族的共同习俗，过好中国传统节日。讲述中华民族传统美德、仁人志士、国家成就等。说好中国话，培养儿童作为中华民族一员的自豪感。

（2）培养儿童尊重自然、珍惜生命的意识。到自然界中去体会生命现象，呵护生命的意识。养成勤俭节约、低碳环保的习惯。

（3）培养儿童良好的学习习惯和健康的生活习惯。注重兴趣培养，保护好奇心，鼓励探索，不懂善问、不盲目攀比。保证儿童每天睡眠10小时，定期检查视力、听力。培养一两项能够终身受益的体育爱好项目。

（4）培养劳动习惯。从细微处入手，创造劳动的机会，传授劳动技能，培养劳动热情。引导儿童合理支配零用钱。

（5）积极参加"家校社"协同教育。

4. 第四阶段：12—18岁少年期。

特点和主要内容如下：

这是儿童向成年的过渡期，生殖器官逐步发育，出现性冲动和好奇。记忆、思维和观察能力不断提高，自尊心强，重视外表，情绪波动大，敏感易怒，情感内敛。容易有挫折感，容易和老师家长产生冲突。重视同伴交往与评价。对父母依赖减少，自我控制能力有明显发展。

（1）价值观教育。讲好中国故事，激发儿童的梦想、幻想。

（2）重视青春期人格发展。尊重儿童自主意愿，培养坚毅品格。合理宣泄情绪、调控心理，自主自助，克服青春期焦虑、抑郁和精神疾病。正确对待他们的"叛逆"行为。

（3）培养学习动力。引导他们正确应对学习压力，克服考试焦虑。学生时代为每一次考试而焦虑，正常的焦虑是健康的，过度焦虑是有害的。

（4）提高信息识别能力。培养他们对信息的是非辨别能力和加工能力，在使用网络、媒体过程中，学会自我保护、自我发展。规范上网行为，预防网络依赖，指导孩子戒除网络沉溺行为。

（5）构建良好的亲子关系。与儿童平等相处，保护儿童隐私，理解儿童自主愿望。学会倾听儿童的意见和感受，学会尊重、欣赏、认同和分享儿童的想法，学会用民主、宽容的语言和态度与儿童沟通。

（6）重视生涯规划指导。正确认识自己的孩子，帮助孩子客观认识自我，勇于面对现实，保持信心。支持孩子参与志愿服务，协调学校安排的社会实践活动，加深对各种职业的了解。根据个性特征合理规划未来，宽容对待孩子的自我选择与家长的分歧。

5. 第五阶段：18—25 岁青年期。

特点和主要内容如下：

这一阶段进入青春中后期，孩子在外貌上与成人接近，发育进入相对稳定期，认知结构体系基本形成，抽象逻辑思维占优势。情绪不稳定，情感内隐，易感到孤独。重视同性和异性的友谊，并可能萌发爱慕感情。自制力、意志力增强但仍不成熟。独立性增强，有决断力、观察力、联想能力。

（1）树立国家意识。增强孩子的公民意识和社会责任感，关注社会发展，将个人理想和国家需要相结合，认识国家前途命运与个人价值实现的统一关系，把个人理想与国家的发展相结合。

（2）培养法治观念。养成遵法守法的行为习惯。

（3）提高孩子交往合作能力。鼓励孩子在集体生活中锻炼自己，学会与人相处和从众心理，体验个人与人合作的快乐，正确对待友谊，了解校园欺凌的处理方法。

（4）加强儿童美育和责任意识。欣赏文学和艺术，明确内在美和外表美的关系，理解劳动能创造美，践行文明礼仪。正确处理个人与自我、与他人、与社会的关系，勇于承担责任。

（5）平常心对待升学。保证劳逸结合，身心愉快，适度期待，以平常心对待考试。为孩子选择志愿提供参考意见，并尊重孩子对自身的未来规划与发展意愿。

6. 第六阶段：特殊家庭、特殊儿童。

（1）离异和重组家庭。正确认识婚姻存续与教养之间的关系，对孩子的教养责任不因离异而撤销，不在孩子面前流露对离异和重组的不满。

（2）留守儿童。确保农村留守儿童得到妥善监护照料、亲情关系和家庭温暖。劝导家长尽量有一方在家照料或者有直系亲属管理，多与儿童接触、交流、沟通，对道德发展和精神需求给予充分关注，在外家长多与儿童视频通话和物品赠送。

（3）服刑人员家庭。用教育的力量和爱心培养孩子的自尊心，调整心态，信任儿童。定期让孩子探望父（母），满足思念之情。积极与学校联系，保证儿童的心理健康。

（4）智力智障儿童家庭。听从医生指导，拟定计划，早期干预，改善智障状况。重视生活规范训练，并循序渐进、持之以恒。

（5）视觉障碍儿童家庭。根据不同的残障程度，以耳代目、以手代目，提升残陷补偿。对于低视力，运用余视力学习活动；对于全盲儿童，训练其定向行走能力，增加与外界接触的机会，增强其交往能力。

（6）肢体残障儿童家庭。借助医学技术干预和矫正，使其降低残障程度，提高活动技能，用乐观向上的心态感染儿童，积极面对困难、正视现实，通过自己的努力解决问题、获取信心。

（7）精神心理障碍儿童家庭。避免儿童遭受不良生活的刺激，多向儿童表达积极情感，多给儿童创造与伙伴交往的机会，加强与儿童的沟通与交流，提升儿童社会适应能力和生活自理能力，促进疾病康复。

（8）智优儿童家庭。从儿童的性格、气质、兴趣、能力、外部条件等实际出发，因材施教，循序渐进发展特长，正确对待荣誉，正确认识自己和他人，在人群中表达谦虚、平等交流。

幼儿游戏活动的指导

游戏是儿童喜爱的一种活动方式，也是与同伴互动的主要活动形式。

1. 游戏的种类。

（1）创造性游戏。由儿童自己想出来的游戏。如扮演医生、警察、老师，装模作样地看病、查案、上课。

（2）建筑性游戏。如模仿盖房子、修铁路、修桥等。

（3）教学游戏。结合教学目的而从事的活动，有计划地培养观察力、注意力、反应力。如逮羊游戏。

（4）活动性游戏。这是发展体力的一种游戏。如赛跑。

（5）模仿游戏。如模仿演员姿势、说话方式。

（6）魔术表演。

（7）原始游戏。如追来追去，分享感觉上的快乐。

（8）旁观者游戏。自己不参加，出主意、提问题，让其活动。

（9）平行游戏。各玩各的，互不影响。

（10）合作游戏。游戏时有组织、有分工、有领导。

（11）联合游戏。一起玩同样的游戏，按自己的愿望玩，可以共同分享玩具，可以交流。

2. 游戏的作用。

（1）推动认知发展。游戏是探索内驱力的一种途径，使人快乐、激动人心。儿童喜欢在复杂的、新奇的情景中活动，如果太简单、太熟悉，就不能唤醒儿童去探索的兴趣，反而会感到厌倦。

（2）推动社会能力的发展。儿童在假想的情景中，按照自己的意愿扮演角色，体验角色的思想和情感，学会相互协调。

想象性游戏从 6 岁开始已高度协调，能迅速地从一种角色转换成另一种角色，从一种情景转换成另一种情景。

（3）推动儿童情绪管理的发展。游戏不仅为儿童社会能力提供了机会，还在儿童自我控制方面起了重要作用。假装性游戏的一个重要特征是，它为表现情感控制提供了机会。那些做冒险性的假装性游戏，儿童可以从中获得某种能力和力量。实际上他可以观察别人的情绪或者控制自己的行为。

（4）游戏推动儿童个性的发展。如告诉孩子：现在演一个宇航员，这个宇航员在星际航行时，要经过很长时间与人隔离。现在请每一个"宇航员"安静地坐在驾驶飞船，谁什么时候想飞回了，可以打信号灯告诉老师。这个游戏对于想象力丰富的孩子似乎更有耐心，同时也培养了孩子的耐性。

（5）游戏推动儿童交往能力的发展。大部分游戏需要同伴参加，每个人必须遵守游戏规则。如果不遵守或者无理取闹，就会排除在外，不准参加。为了想参加就不得不遵守规则，无意或有意地就学会了交往的技能，学会耐心等待"下一个轮到我"。

总的来说，游戏不仅扩大了知识面，还学到了生活、学习的技能，促进了儿童想象力、创造力、耐心、持久性、灵活性和交往能力的发展。游戏还可以增强儿童的体能，增强积极的情绪，更能体验到身心彻底放松的快乐。不让儿童参加游戏是不尊重儿童的天性，是对儿童享受童年快乐权利的剥夺！

3. 游戏活动的指导。

（1）尽量让孩子们自行设计、组织。在游戏中也不必遵守固有的规则，可随时根据孩子们的需要进行调整。如果孩子希望你参加游戏，就要遵守规则，不要对孩子的游戏方案指手画脚。如果孩子玩得十分投入，就选择不插手地观看或者悄悄离开。

（2）让孩子自由掌控游戏的进程。让孩子自己选择喜欢的游戏和玩法。例如，一次次地把筷子从餐桌上扔下了，或者是一次次地把手中东西扔下地，捡起来又扔，或者是一遍遍地反复唱同一首儿歌……这些看似毫无意义又无聊透顶的事情，对孩子来说却是有益身心的游戏，他们十分喜欢而且乐于玩。

好的游戏不一定在父母的指导下玩，也不一定非要依附昂贵的玩具和教具。设计精细的玩具往往容易让孩子感觉厌倦，反而是简单、给孩子想象和发挥空间的玩具才让他们不厌其烦。如风、水、沙、影子、树枝、落叶、石头，以及家里随处可见的物品都是游戏的好素材。利用随手拿来的东西，灵机一动创设的游戏，孩子特别喜欢，因为，此时此刻，他们的兴趣特别高，当然喜欢玩。其他时间不一定有兴趣，就是再好玩的游戏也不想玩。

（3）让孩子自己来判断游戏的价值。游戏对孩子的成长非常有利，都可以达到潜移默化地开发潜能、提高情商、培养道德、训练体能等目的。但如果父母过于偏重智力开发，那么，在游戏时就一定会带有明显的偏好或者功利色彩，让游戏变得无乐趣。所以，游戏一定要以快乐为根本。只要孩子玩得开心，很多知识都是可以随着带入的。同时，看到孩子出现错误的时候，也不要急于去指导孩子，给他们自己发现与探索的机会，他们就会更加喜欢这个游戏，并从中获得更多的启示和益处。

（4）尊重孩子的偏好。每个孩子都有自己的个性，对于游戏，也有自己的偏好，某个孩子喜欢的游戏不见得所有孩子都喜欢，而且，不同孩子的各项智力的发展也都有自己的独特进程表。有的孩子语言发展超前，有的孩子动作协调……因此，每个孩子适应的和喜欢的游戏也不同。所以要根据孩子们的喜好有所变通，调动他们游戏的积极性。只有适应孩子，跳出游戏管束，孩子的游戏才会充满灵性和魅力。

休闲与消费的指导

人生在世除了学习、工作之外，还有业余生活。能否安排好业余生活，使之充满健康的情趣，既反映一个人学识、修养的水平，也反应一个人道德、情操的水准。学会休闲，是青少年必须学好的重要一课。

1. 孩子在业余休闲生活上出现的问题。

（1）自我监控能力差。孩子的休闲时间自由度大，加上青少年意志力欠缺，面对社会上的各种诱惑时，常常会控制不住自己。

（2）缺少正当的业余爱好。没有一定的业余爱好，精神生活就极其贫乏，导致闲暇生活安排不当。

（3）潜能得不到较好的开发。每个孩子都有潜能，孩子正当的兴趣爱好得不到开发，导致其出现不正当的休闲方式。

（4）父母的"无导"和"误导"。对孩子的休闲方式放任不管，就是"无导"；父母重享受、轻培养，休闲方式不健康，孩子无节制，看电视、玩游戏就是"误导"。

2. 安排好合理的休闲生活。

（1）提高对休闲生活的认识。走出只关心孩子学习，忽视文娱活动的误区。青少年的休闲，旨在以休益智、以休健身、以休交友。

（2）与孩子一起美化家庭。自己动手，美化居室。如采购布艺饰品、干花饰品、草编饰品、十字绣饰品等装饰家庭环境，摆放植物盆栽，设置一个"图书角"，等等。

（3）帮助孩子发展正当的兴趣爱好。如有的孩子喜欢写诗歌、有的孩子喜欢游泳、有的孩子喜欢去旅游、有的孩子喜欢搞收藏，都是一种享受。

3. 青少年出现过度消费现象的原因。

（1）父母纵容。家庭收入日渐宽裕，给孩子购买电子产品和名牌服装现象普遍。有的父母攀比，人家孩子有的，我家也要有，无形中滋长了孩子高消费的心理。

（2）从众心理。青少年消费，经常是"随大流"，盲目地跟在别人后面买东西，而买的东西许多是不需要的。

（3）好奇心理。好奇是青少年的天性，他们往往会被商店及小摊上新颖的食品、新奇的玩具、五光十色的小玩意儿所吸引，不知不觉地去尝鲜、去把玩。

（4）享乐心理。有的孩子在电视上网络上看到的高档生活用品，在生活中听到"活在世上，就要吃好玩好"，再加上家中"众星捧月"般的待遇，孩子产生"父母只有我一个，赚的钱都是给自己用"的想法，于是，热衷于生日聚会、假日聚会，吃要高档，穿要时尚，花钱要大方。

4. 对孩子进行消费指导。

（1）树立正确的消费观念。一个人有什么样的消费观念，就反映出有什么样的价值观、人生观。物质享受上允许消费，不等于在孩子中提倡消费。时髦的消费不等于先进的消费。要让孩子明白：不做物质的奴隶，要做精神的富有者。

父母要走出溺爱心理、补偿心理、从众心理的误区。引导孩子不攀比、不追求时髦、不追求名牌，对孩子的不适当要求，要坚决说"不"。

（2）让孩子了解家庭收支情况。有的家庭，本来经济紧张，还千方百计地满足孩子的各种消费需求，孩子也因不了解家庭经济情况而不断提出消费要求，造成家庭经济更紧张。

（3）提倡计划消费。每个周制订一个开销计划，购物时知道比较价格和质量，能懂得每个周节省一点钱，以备急用，知道把钱存到储蓄账户里去。

父母在给孩子钱的同时，教会孩子"运筹钱"，做好钱物预算，轻重缓急，俗话说"把钱用在刀刃上"，切忌无目的、无计划地乱花钱。

（4）适当消费。符合中学生身份的衣着、学习上的书本、身体成长需要的饮食消费是必须的。要知道中学生是消费者，而不是生产者，所以，没有理由提出过高的消费要求。

（5）提倡勤俭节约。让孩子明白"别人有的我可以没有""人穷志不短，有钱未必有志"的道理。让孩子知道，父母挣钱不容易，劳动成果来之不易。教会孩子精打细算，生活上节俭，多多体验艰苦生活的乐趣，树立长远眼光。

（6）注意家校一致。了解学校对孩子的打扮、消费、购物方面的要求，要与学校保持一致。很多学校都规定，学生不允许携带手机进入校园，不提倡穿名牌服装，不允许佩戴饰品，不允许化妆，等等。另外，有些学校还规定不允许在校外买饮料，这就约束了一些孩子的不良消费。

使用网络的指导

现在的青少年出生在数字时代，从小开始就使用电脑、互联网、智能手机等，所有的生活都围绕、渗透在数字世界里。

1. 网络对青少年成长的影响。

（1）为青少年的自我建构带来了机会。青少年可以根据自己的意思，创造自己的网络形象。这种身体自我呈现的新模式，或者是被压抑自我的一种投射，或者是现实自我的一种补充，对自我认同起到调节作用。这为青少年的自我认知、施展才华提供了新天地。

（2）为青少年人际关系和情绪宣泄提供了途径。大多数青少年热衷于使用社交网站、微信等平台，玩网络游戏，与朋友或者陌生人进行交流。女孩更喜欢使用社交网站的社交服务，而男孩更喜欢娱乐服务。青少年面对学校、父母、社会等诸多的压力时，网络的虚拟性特点为孩子提供了一个情感表达和不良情绪宣泄的新途径。

（3）为青少年学习带来了极大的便利。网络资源丰富，它既是学习的工具，有助于孩子学习知识，开阔视野，也给孩子的情感创造了释放的空间。

网络一方面给青少年的学习、交往带来了便利，使他们在虚拟的世界里尽情享受着现代科技文明所带来的前所未有的便利和快乐；另一方面网络作为科技的"双刃剑"，其负面效应也是不容忽视的，其中，最引人关注的是青少年"网络成瘾"现象。

2. 让孩子做网络的主人。

现代人离不开网络，网络所带来的社会生活，也是家庭生活的一部分。对青少年也是如此，研究发现，有四种类型的孩子最容易上瘾。

一是学习失败的孩子。因为父母老师把孩子学习成绩的好坏看成孩子能否成才的唯一标准，所以孩子一次失败，就会产生很强的挫败感。但是，在虚拟的网络上，他们很容易体验成功。闯过任何一关，都可以得到回报，这种成就感是他们在现实生活中是很难体验到的。

二是原来学习成绩特别好的孩子。升入好学校后，来自各校的优秀生都集中在一起，他们很难保持原来的名次和位置。这时，他们对"努力学习"的目的就会产生怀疑，很容易自暴自弃。于是，一些人开始迷恋网络。其实，这些孩子迷恋网络的根本原因是没有形成正确的学习观。

三是人际关系不好的孩子。这种孩子希望通过上网来逃避现实，有的孩子，虽然成绩不错，但是性格内向、猜忌心强，还小心眼，碰到问题时没能及时解决，就容易沉迷于网络。

四是家庭关系不和谐的孩子。这些孩子在家里得不到温暖，却能在网络上得到关怀，现实生活和虚拟社会在人文关怀方面的反差，很容易让"问题家庭"的孩子"躲"进网络。

由此可见，不能对孩子的上网行为乐观，认为上网就是在"学知识"，也不能将正常的上网活动都视作危险信号，对孩子的爱好横加干扰。

3. 引导孩子健康上网。

如今是一个信息爆炸的时代，最重要的是掌握处理信息的能力，所以说，今天的孩子一定要学会掌握信息、处理信息，要引导孩子健康上网。健康上网包括以下内容。

（1）抵制不良，不登录黄色、暴力网站，限制浏览不良网页及信息。

（2）不可沉迷，尤其是不沉迷网络游戏，不依赖、不成瘾。

（3）不扰常规，不影响正常的学习生活，不传播消极信息。

（4）控制时间，上网时间每天不超过半个小时。

（5）放松身心，愉快身心，释放压力，调节自己。如疲劳时，做几个双脚跳。

（6）辅助学习，上网就是学习，帮助学习、拓展知识。但要坚决不看与学习无关的其他东西。

4. 把电脑放在家里的"公共场所"。

这样让孩子感到玩游戏是光明正大的事，也便于对孩子玩游戏实施指导与监控，至少也会对游戏的内容了解得多一些。父母应和孩子共同聊聊网络游戏的利弊，晓以利害，一起制订游戏时间，什么条件下可以玩，什么条件下不可以玩，可以玩多少时间，以及不遵守规则的处理办法，张贴出来严格遵守。

5. 陪孩子一起玩游戏。

可以请教孩子，利用软件处理家庭照片和视频，让孩子懂得电脑不仅是"玩"，更多的是利用它"做事"。

6. 合理使用替代法。

当孩子痴迷游戏时，就要用替代法去改变孩子的兴趣。户外活动就是很好的选择，如打球、野餐、游泳、踢球等，一起看电影、听音乐会等。

7. 创设和谐的家庭环境。

研究发现，父母离婚、打架、酗酒、体罚孩子的家庭，孩子特别容易迷恋网络游戏。孩子在网上发了疯一样地使劲按、使劲打，使劲地发射炮弹，以虚拟的打杀来发泄不满。

8. 处理好虚拟世界的情感。

网络给青少年交友和恋爱提供了新机会。青春期开始的时候，网络交往中"在线吸引力"在于共享相同的兴趣、态度和观点，欣赏彼此的智力、幽默感，而不是身体吸引力。网聊、网恋的"魔力"来自青少年的好奇心、发泄心理、倾诉需要和对于浪漫的追求与幻想。

提升学习能力的指导

1. 发挥孩子的优势智力。

科学家们对智力的看法越来越多元化，从单纯的智力走向综合的智力，还提出了"社会智力"和"情绪智力"，扩大了智力的内涵，使智力成为一个综合性的概念。

智力分为：语言智力、数理逻辑智力、空间智力、肢体运作智力、音乐智力、人际智力、内省智力和自然探索智力。

不同的人会有不同的智力。例如，建筑师和雕塑家的空间智力就比较强，运动员和芭蕾舞演员的肢体运作智力比较强，公关人员的人际智力比较强，作家、哲学家、律师、思想家、心理学家的内省智力比较突出，诗人、记者、翻译、编辑、领袖等人的语言智力有比较突出的表现。

涉及分数、分类、推论、归纳、计算、测量和假设验定等能力的，是数理逻辑智力。如知名人物牛顿、爱因斯坦等。

涉及感受、辨别、记忆、变化和表达音乐能力的是音乐智力。如作曲家、歌唱家、乐器制造者和乐器调音师等。

善于通过与所处环境互动，理解事物之间因果关系的是自然探索智力。如生物学家、植物学家、动物学家以及昆虫学家。

对电脑游戏特别感兴趣，爱下棋又对因果关系的概念更感兴趣的小朋友，具备以上三项，是数理逻辑智力比较突出。

智力并非一个人成功与否的关键因素，许多研究发现，学习成绩中等或者中上等的学生，成就更大，出了社会以后更"牛气"。智力研究最终给父母的启示是：单靠"聪明"并不能决定一个人的成功，只有聪明的大脑辅以健全的人格、健康的个性和良好的人际交往能力，才能使一个人正常发展。

（1）家长老师要承认孩子智力的局限性。实践证明，多元智力理论对孩子们来说，是正确的。要允许孩子有弱势领域，当孩子在某些方面经过努力仍不尽如人意时，要给予包容和理解，不要苛求，更不要责罚。

（2）要善于发现孩子的优势智力。每个孩子都需要伯乐，必须留意孩子拥有哪些方面的突出智力，要引导孩子发展智力强项。

（3）要指导孩子在智力优势领域规划未来人生。根据多元智力理论，指导孩子确定相应的发展目标，制订合理的人生规划。而不应该以他人为标杆，和别人比较。依顺孩子的天赋，尊重孩子的自身条件，让孩子做最好的自己。

2. 掌握科学的学习方法。

中学阶段的学习与小学阶段有较大的不同。中学阶段功课增加，对思维能力的要求提高，学习更加讲究方法，注重对内容的理解。单纯地靠用功、死读书，已经不能适应中学阶段的学习生活了。正确的学习方法是对认知规律和学习规律的反应。只要掌握了学习规律，学习就能少走弯路，提高学习效率。

有位名人说过"没有正确的方法，即使有眼睛也会像盲人一样盲目摸索"。学习方法的指导可以从以下几个方面。

（1）制订学习计划。许多人做不到全面的学习安排。它是在一定阶段上的一种学习安排。学习计划的制订，首先要确定学习重点，其次是要确定奋斗目标和措施，再次是按学习内容恰当地分配好时间，相当于一般的日程表。最后，还可以设定监督措施及奖惩办法，以保证计划如期执行。

（2）巧妙统筹学习时间。在统筹时间时要考虑到心境、方法和生理状况，同样的时间内，由于心境状态的不同，学习的效果就大不一样。可以把难学的学科安排在心境好的时间段，把需要记忆的学习内容，安排在早晨或者睡觉之前，文理科要交替安排。

（3）学会科学用脑。一是养成积极思考的习惯，培养用脑的兴趣，对于一些挑战智力的问题要积极动脑，使大脑不断地得到锻炼和发展；二是安排合理的作息时间，学习和生活要有规律、有节律，不搞疲劳战术；三是注意劳逸结合、有张有弛，适当体育活动；四是注意动静相依、文理相间。如学一会儿，做几个双脚跳或者听听音乐，学一会儿理科再学一会儿文科。

（4）善于提出疑问。光学习不思考，不对所学的提出疑问，就不可能学懂学透，就得不到真知，学贵知疑，这是古训。

（5）重视纠正错误。对试卷和作业中的错误，应做到有错必纠，把错误认真改正过来，才能避免"重蹈覆辙"。可以专门有一个错题本，以便经常研究学习，找出错误的原因。

（6）提高记忆效果。复习是最好的记忆，复习的总策略是及时复习、当天复习、间隔复习、分配复习、总复习。

（7）学会总结。总结能强化对知识的记忆和理解，使知识系统化。每天晚上把当天老师讲的内容像放电影一样回顾一遍，看自己是否全部弄懂了，不懂的就看书或者询问。一个章节或者一个单元的知识，都要进行归纳分类。

（8）找到适合自己的学习方法。有人喜欢待在大房间里学习，也有人喜欢缩在小房间里学习；有人觉得白天学习效率高，也有人觉得晚上学得进去；有人喜欢一边学习一边听音乐，也有人喜欢寂静无声地学习；有人喜欢独立学习，也有人愿意结伴学习；还有人是边听边记学得快，另一些人是默读、速读十分拿手。

总之，别人的方法仅是参考而已，要找到适合自己的方法，才能使学习变得更轻松、更愉快、更有效果。

3. 养成良好的学习习惯。

中学生不良的学习习惯有以下三类：

第一类，学习时注意力不集中，无目的地东张西望、开小差。

第二类，求快而不求懂的习惯，没有质疑的习惯，没有使用工具的习惯，不复习就做作业的习惯。

第三类，学习用品乱丢乱放、学习没有计划安排、学习时间分配不当、做作业拖拉等习惯。

要注重培养孩子课前预习、课后复习、勤于观察、善于思考的习惯；多看书报、勤做笔记、专注听讲、认真书写的习惯；不懂就问、珍惜时间、勤于读书的习惯。

（1）勤于读书。一个见多识广的人，一定读了很多的书。从近几年高考来看，一个阅读量达不到一定数量的人，很难得高分。

（2）善于思索。学习不但要知其然，而且还要知其所以然。对书中的知识和道理能够由此及彼、由表及里、举一反三。善于思考的人，往往还能从无疑中见疑，从"理所当然"中发现"并非如此"，由此引出新的理论。

心理学研究表明：思考不但能促进理解，而且能增强记忆。

（3）讲究方法。古人云：得法者事半功倍，不得法者事倍功半。

说明了方法的重要性。前人早就总结出一些学习方法如下。

温故知新、如切如磋、吟诵相同、勤学苦练、持之以恒、态度谦虚、注意小事。

如切如磋的意思是，学习应多和别人研究讨论，集思广益，多与人研讨，才能克服自己孤陋寡闻的缺点。

吟诵相同的意思是，朗诵和吟咏都能帮助记忆，加深理解，还有助于写作水平的提高，即所谓"熟读唐诗三百首，不会作诗也会吟"。

注意小事，其实是大事。例如，写字时眼睛离纸面过近或者把头枕在桌子上，边玩边看书或者躺在床上看书，听讲时抓耳挠腮、环顾左右。这些小事，一旦形成，不仅是影响学习效果，也会影响身体发育。每天晚上做完作业，把文具和第二天要带的东西都有序地放进书包里，形成习惯。有句谚语说"喜欢条理吧，它能保护你的时间和精力"。

4. 创设有利的学习环境。

家庭教育环境分"硬环境"和"软环境"两类。硬环境如周边的居住环境、房屋面积、家庭装修、学习场所布置及学习设备等；软环境指客观存在的、由父母控制和把握的，以潜移默化的方式影响孩子所产生的各项条件。如父母的人格特点、父母的兴趣爱好、父母的教育方法等。

（1）硬环境创设。"孟母三迁"培育了一代圣人孟子。居住环境脏乱嘈杂肯定影响学习。

（2）营造安静环境。不要在家中搓麻将、打扑克，切忌大声喧哗，说话语速要慢要小声，看电视、手机的声音一定要小。你在那里看手机，让孩子一个人孤独地在房间里学习，心理难免不平衡。所以，现在大多数孩子都认为，自己是家里最辛苦的人。

（3）布置一个专门的学习场所。孩子的专用学习中心，应该有学习设备，如书桌、椅子、书架、书柜、台灯等；有孩子常用的学习资料，如图书、字典、地图等。

（4）设立一个孩子的专属荣誉栏。书房是孩子的天地，把孩子的优秀作品和奖状贴上去，供大家欣赏，孩子就会有成就感，进一步激发了孩子学习的兴趣，使优点得到了强化。孩子是非常敏感的，你把他的荣誉展示在显眼的地方，他往往很容易接受暗示，他取得的成就得到了你的肯定。是否重视孩子的进步、是否在意孩子的成绩和荣誉，不一定要说，通过父母的一些习惯性行为，孩子早已感受到了。

5. 创设良好的软环境。

（1）父母的关切是孩子不断进步的原动力。有的孩子上进心很强，学校的任何活动或者考试都积极参与，争取取得优异成绩；而有的孩子则对这些看得很淡，随随便便，这其实与父母的关切程度有关。如果父母重视，孩子的上进心就强，反之则不然。

（2）父母的鼓励是孩子成长的助推器。要知道，孩子的自尊心和自信心建立得越早越好，父母要学会夸奖孩子。鼓励和称赞不同，它肯定的是孩子能力的发挥和付出的努力，而不是和别人做比较。即使在孩子受到挫折、失败、沮丧时，鼓励依然可以发挥它激励的效用。如父母说"孩子，虽然这次考得不够理想，但我觉得你已经尽力了"。这样的话，就给了他信心和勇气，可以帮助孩子肯定自己的价值。

（3）民主平等对待孩子。这一点很重要，往往被忽视，总认为是一家人，是自己的孩子，不必客气。

如果父母热爱学习，把谈论学习作为家庭的重要话题，孩子就会在不知不觉中提高对学习的兴趣。光嘴上催孩子学习是不平等的，父母应该把以前所扮演的旁观者、监督者、催促者的角色，转换为陪伴者、参与者、分享者的角色，与孩子一起，共同创建学习型的家庭。

每个人都有天赋，发挥天赋是成功的秘诀。

第三章 心理教育

心理现象人皆有之，它是一种精神现象，不同于物理现象。精神现象是在头脑中进行的精神活动，是主观的。物理现象是客观的。消除心理隐患，以健康的心志面对生活、学习，减少青少年违法犯罪行为。任何行为和犯罪都是由心理支配实施的，而犯罪心理是人的心理失衡所导致的一种极端行为的表现。

幼儿期的心理发展

1. 幼儿语言的发展。

3—6岁幼儿语言主要是口头言语的发展，表现在语音、词汇、语法、表达方面。

语音：4岁能够掌握本地区全部语音，只有"0"容易混淆。幼儿对声母的发音正确率较低。

词汇：3—7岁是一生中词汇增长最快的时期，4岁左右能达1000多个。词汇类型也不断增加，幼儿的思维是从事物的名称和词开始的。幼儿对词义的理解随思维的发展而逐渐提高。

语法：会使用否定句，在想要否决的词前面加上否定词来表达否定的意识。3岁就能使用复杂的句子，5—6岁时讲话非常像成人，他们可以使用大多数语法规则。

阅读：图画材料为主，幼儿阅读要经历三个阶段。

分析阶段：由于理解能力有限，他们对图画的理解是单个的、局部的，对图画内容表达，即说"这是什么，那是什么"。

综合阶段：不再是命名，而是能够表达图画中事物之间的联系，带有情景性。

分析综合阶段：能够完整地理解画面内容，能把看到的说出来。表达不仅有情景性，而且具有连贯性、流畅性。

2. 幼儿认知的发展。

（1）记忆的发展。记忆是人积累生活经验和知识的基本手段，也是高级认知过程形成和发展的基础。

幼儿记忆特点，无意记忆占主导地位，有意记忆较为薄弱，但都随着年龄而增长。有意识记发展速度快于无意识记。

幼儿以形象记忆占主导地位，词语记忆薄弱，但都随着年龄而提高。词语识记发展速度快于形象识记。

（2）幼儿思维的发展。具体形象思维是幼儿思维的主要特征，逻辑思维获得初步发展。

（3）幼儿想象的发展。想象是人脑对已有表象进行加工整合形成新形象的心理过程。幼儿富有想象力，无意想象经常出现，有意想象日益丰富。幼儿初期的无意想象是在感知动作的基础上产生的。有意想象是在词语的指导下，有目的的有意想象。

有意想象分为再造想象和创造想象。幼儿想象的创造成分受生活经验的局限，难以超越现实。但幼儿创造想象具有新颖性、神奇性、未来指向性。

3. 幼儿个性和社会性的发展。

幼儿会花费很多的时间和同伴们一起从事游戏活动，并开始产生道德感和性别差异感。

（1）幼儿情绪的发展。幼儿情绪表达，不再是停留在生理需要上，而是更多地反映出环境、社会和他人对个体的影响。

害羞情绪产生于快乐、厌恶、愤怒情绪之后，体验到的紧张，在公共场合表现比较多。这说明幼儿情感开始参照社会文化规则。

（2）母亲情绪对幼儿的影响。幼儿在表达自己的情绪时，不仅参照社会文化规则，更多的是受母亲情绪的影响。现在做一个实验，让妈妈看一个 7 岁的孩子做作业，当看到受挫无法完成时，妈妈表现出愤怒的情绪，幼儿也表现出愤怒的情绪；当顺利完成时，妈妈表现出兴奋的情绪，幼儿也表现出兴奋的情绪。

（3）幼儿移情的发展。3岁幼儿就有一定的移情能力，说明幼儿在认知上，并非完全自我中心化，已经能从他人的立场考虑问题。但对悲哀情绪难以产生情感共鸣，这是因为移情必须包括理解和识别两个部分，所以，移情前要先做情感推理。

（4）幼儿移情与亲社会行为。移情作为一种具有"爱他性"的积极情感，幼儿愿意去帮助别人，是因为他们能够了解别人的处境、体会别人的感受、同情别人的遭遇。

（5）自我的发展。自我包括"知、情、意"三个方面。"知"即自我认知，"情"即自我情绪体验，"意"即自我控制。幼儿自我控制主要体现在"延迟满足"上。

内在自我清晰。当孩子思考自己和他人时，常常使用要和想这些词来提及自己的心理状态。关于我是谁，我有什么样的特征，这说明幼儿自我概念具体化了。

自尊意识，属于情的部分，对自我的发展有重要意义。幼儿在心理上渴望得到他人的注意、接纳、支持、喜欢，通过言语、姿势、表情等方式来展示自己，从而获得他人的肯定。父母、老师的真切表扬能够增强幼儿的自尊。

（6）幼儿与同伴交往的类型。通常把幼儿与同伴交往分为"受欢迎型、被拒绝型、被忽视型、一般型"四种。

有些幼儿之所以被他人拒绝，是因为这些幼儿亲社会行为少，攻击性行为多。也可能有人认为漂亮的幼儿比不漂亮的幼儿更友好、更聪明的缘故。其次是气质类型、姓名和出生家庭都会影响幼儿对同伴的态度和交往的行为方式。

（7）促进自尊的发展。必须以真实的成就为基础，健康的自尊不能通过吹捧而是通过承担责任来获得。比如，不管在什么情况下就说"你真棒"！这样的评价并没有真实的成就基础，从而，孩子怀疑大人说的话，最终怀疑自己。

小学儿童的心理发展

1. 小学儿童的认知发展。

（1）感觉的发展。视觉感受性提高，在 7 岁时增长的速度最快。听觉也在不断地发展，主要表现在听觉辨别力的提高。

（2）直觉的发展。在空间直觉方面，能辨别前后、上下，但对左右的辨别还未完善。儿童对左右关系的认知分为三个阶段：

第一阶段，5—7 岁，能固定化的辨认自己的左右手；第二阶段，7—9 岁，初步、具体地掌握左右方位；第三阶段，9—11 岁，比较灵活地、概括地掌握左右概念。

在时间认知上，能很好地辨别昨天、今天和明天，也能辨别前天、后天和大后天，但对较大、较小的单位年和秒，还不能很好地理解。随着年龄的增长，儿童对时间的理解变得越来越确切，已经掌握 1 分、5 分、15 分、1 小时等时间单位，同时，对于时距估计的正确性也不断提高。

（3）注意力的发展。儿童的有意注意逐步取代无意注意，能引起注意的对象是那些具体生动、直观形象的事物。

一般情况下，儿童在 7 到 10 岁的注意力是 20 分钟左右，10 到 12 岁，25 分钟左右，12 岁以上约 30 分钟。

（4）记忆力的发展。小学低年级以形象记忆为主，到了四五年级发展到抽象记忆。两种记忆不是取代关系，在整个学习过程中，两者是相辅相成的。

（5）思维的发展。小学时期是具体形象思维和抽象逻辑思维交错发展的时期，思维过渡一般从四年级开始。

（6）书面语言的发展。能打破时空限制，接受和传递课本知识经验。一年级学生的书面叙述，用词的数量只有口语的一半，但到了高年级，书面语言将领先口语。

2. 自我的发展。

小学儿童自我概念的显著变化是能概括地认识自我，产生心理自我。同时，自我评价开始发生变化，从小学中年级开始，学会独立地把自己的行为同他人比较，自我评价的独立性开始发展起来。

从 7—8 岁开始，自尊分化为学业成就自尊、社会交往自尊和身体自尊。随着年龄增长，这三种自尊又进一步分化，学业成就自尊分化为不同学科的自尊，社会交往自尊分化为伙伴关系自尊和家庭人际关系自尊，身体自尊分化为运动能力自尊和外貌长相自尊，形成了一个关于自尊的等级层次结构。

3. 同伴关系的发展。

出现了真正的同伴群体，同伴群体是真正的联盟，孩子们有归属感。已经有了明显的群体认同感，如为自己是少先队的一员而感到骄傲，为班集体取得成绩而骄傲。身处群体同伴中，他们会发现合作的价值，形成实现共同目标的责任感和忠诚感。

在同伴关系中，同伴接纳备受关注，分为以下几种。

受欢迎的儿童、被拒绝的儿童、被忽视的儿童、矛盾性的儿童，这四类儿童在小学占据大多数，其他儿童则处于同伴接纳的平均水平。

友谊对儿童的发展有重要影响，它为儿童提供了安全感和社会支持，它提供了相互学习、社会交往、合作和自我控制，有助于提高儿童解决社会问题的技能，并为日后的人际关系奠定了基础。儿童友谊的发展经过五个阶段，内容如下。

第一阶段，3—7 岁，友谊不稳定，只是玩伴；第二阶段，4—9 岁，单向帮助，要求朋友服从自己的愿望 第三阶段，6—12 岁，双向帮助，具有明显的功利性特点；第四阶段，9—15 岁，亲密共享，相互信任，同甘共苦；第五阶段，12 岁以后，自主共存，提供支持，朋友关系持久。

4. 心理发展的年龄阶段。

（1）感知运算阶段（0—2岁）。

（2）前运算阶段（2—7岁），儿童将感知动作内化为表象，建立了符号功能，出现具体形象思维。

（3）具体运算阶段（6—12岁），该阶段儿童思维是形象逻辑思维。

（4）形式运算阶段（12岁以后），该阶段的儿童思维发展到形式逻辑思维，这个阶段的思维特点，一是思维形式摆脱思维内容，二是进行假设，演绎推理。常采用"如果……那么……"的形式思维。

5. 心理发展的社会阶段。

（1）婴儿前期。信任感对怀疑，人格特征是希望品质。

（2）婴儿后期。自主感对羞耻，人格特征是意志品质。

（3）幼儿期。主动感对内疚感，人格特征是目标品质。

（4）童年期。勤奋感对自卑感，人格特征是能力品质。

（5）青少年期。角色同一性对角色混乱，诚实品质。

（6）成年早期。亲密感对孤独感，人格特征是爱的品质。

（7）成年中期。繁衍感对停止感，人格特征是关系品质。

（8）成年后期。完善感对失望感，人格特征是贤明品质。

怎样的心理环境利于孩子成长

心理环境是由家庭和学校的精神生活内容构成的。包括物质环境、心理环境。经常以潜移默化的方式对孩子施以影响，如师生关系、同学关系、父母的兴趣爱好、家庭文化氛围、期望水平、教育方法，等等。一个非竞争性、非威胁性的环境是最合适学习、最利于身心健康的。

在挑剔中成长的孩子更爱苛责；在敌意中成长的孩子更爱争斗；在讥讽中成长的孩子更容易羞怯；在羞辱中成长的孩子更容

易自卑；在宽容中成长的孩子更能忍让；在鼓励中成长的孩子更加自信；在赞扬中成长的孩子更懂得自赏；在公平中成长的孩子更加正直；在支持中成长的孩子更懂得信任；在赞同中成长的孩子更懂得自爱；在友爱中成长的孩子更懂得关爱。可以说孩子的成长很大程度上取决于周围环境的影响。马克思说过"人创造环境，环境也创造人"。因此，要使孩子健康发展，必须创设优良的环境。

（1）家庭关系和谐、平衡。家庭关系中，夫妻关系是核心、重心、中心，不要让亲子关系凌驾于夫妻关系之上，这是一个挑战。因为人们习惯了将孩子置于家庭最核心的位置，这不一定对孩子成长有益。在一个三口之家中，爸爸、妈妈、孩子之间构成了一个三角关系，只有这三个关系达到平衡的时候，家庭关系才和谐、稳定。如果过于注重亲子关系而忽略夫妻关系，三角形的稳定性就会被打破，孩子的心灵就不能快乐地成长。

（2）父母情绪稳定、态度平和。孩子对父母的情绪是非常敏感的，远远超过言语的影响。别看孩子小，他们的感觉却很敏锐，父母每分每秒的情绪变化，都会被他们的感觉做出相应的反应。定让孩子茫然不知所措，误认为父母的争吵是因为自己而起的，从而产生不安全感，这种心理会损害他们对父母的基本信任。

在孩子面前发火，是对孩子的不够尊重。如果发火了怎么办？要在最短的时间内跟孩子进行情感交流，告诉孩子发火的原因，说声对不起，父母爱你，只是不喜欢他的错误行为。

父母道歉不丢人，它是使孩子内心伤口愈合的良药。当然，道歉之后，不能放弃之前自己坚持的原则，再次分析、讨论引起发火的事情本身，知道下一次应该怎么做。

（3）亲子沟通顺畅。倾听孩子的倾诉、申诉、上诉，读懂孩子语言背后的内容。比如，孩子抱怨老师、同学。这就要注意与老师、同学的关系问题，帮助分析，不要简单地指责或者否定老师、同学。必要的时候，与学校沟通，明确问题所在。孩子看到父母的关心、理解、帮助，就会对父母产生信任，也更容易从困惑中走出来。

（4）正确处理亲子冲突。亲子冲突一旦发生，又该如何处理呢？一般而言，注意三点。

一是要注意态度冷静。暴跳如雷、讽刺挖苦，甚至棍棒相加，不仅解决不了问题，反而会恶化亲子关系，严重时引发大问题。

二是要就事论事。不要孩子一犯错，就翻旧账，以此证实孩子的"一向不好"，不可救药，这是很伤孩子自尊心和自信心的做法。父母漫无边际的责骂，对孩子认识错误、改正错误并没有一丝好处。

三是注意场合。应谨记"当众不责、愧悔不责、饮食不责"的古训。当着外人、众人的面"数落"孩子的种种不是，容易引起孩子的反感，进而造成亲子关系紧张。

（5）言传身教影响孩子。模仿是儿童重要的学习方式，孩子很大一部分行为，是从直观上获得榜样的，是向他们喜欢的人直接学习的。在孩子面前用行动表示"我欣赏的，我要求你做的，我也喜欢做，我做给你看"。如果家里没有一个具体实在的模仿对象，只是用空泛的道理来教育孩子、要求孩子，效果很难达到。

品德教育的指导

一个正常人的发展，包括生理、认知、情感、精神、道德和社会性发展这六个方面。其中，道德的发展是很重要的方面。家长的责任是育人，老师的主要责任是教书。要把美好的道德观念从小就传递给孩子，引导他们有做人的气节和骨气，帮助他们形成美好心灵，促使他们健康成长，长大后成为对国家和人民有用的人。而这些优良品德的培养，靠家长和老师共同完成。

家庭在品德教育指导上具有天然的优势。孩子是一个家庭血缘的纽带，从出生那天开始，孩子最先感受到的是来自父母的爱，慢慢形成了最朴素的好坏、善恶观念，这是一个人思想品德的开端。品德教育，根在家庭。

然而，优秀的品德不是与生俱来的。家庭是儿童道德习得的原生地，更容易实施个别教育，因性施教。这一点学校教育是无法比拟的。

家庭作为孩子最重要的生活场所，家庭教育与生活本身可以完美地结合在一起，更具有针对性。孩子是在对父母家人言谈举止的模仿中养成了特定行为习惯的，是在对父母为人处世的察言观色中形成价值倾向的，这一切都在提醒父母：在生活中给孩子起表率作用。

1. 家庭品德教育原则。

（1）言行一致的原则。父母的语言和为行要一致，道德观念必须坚定，不能动摇。比如希望孩子助人为乐，又担心孩子吃亏上当。如坐公交车时，让孩子往下蹲一下过 1 米 2 的线，占便宜不交钱。因此，嘴上说的和做的不一致。父母对功利化的态度，必然导致孩子道德认识与实践的矛盾。

（2）对孩子与对自己的要求一致。如跟孩子在一起时不随意加塞儿，表现良好的道德，但是自己一个人时就加塞儿，露出马脚，这样的教育比不教育更坏。

（3）家庭成员全体一致。教育不一致，表现在一个管一个不管，一个宽一个严。家人之间不一致就会伴随着争吵，分歧给孩子钻了空子，使得教育效果大打折扣。

（4）家庭与学校保持一致。比如学校开展对贫困地区儿童的捐助活动，父母要给予支持配合，不要当着孩子的面抱怨。学校的德育活动很多，家长不应抱着"德育可有可无，学习才是王道"的狭隘观念。

（5）用讨论的方式深化道德判断。孩子终将走出家庭、走向学校，融入社会，因此，让孩子学会独立思考和判断，了解社会规范，遵守社会道德。

父母可以尝试与孩子讨论一些遇到的新闻话题，鼓励他们发表意见。在讨论一些情景时，问"假如你是这个事件的主人公，你会怎么做"？

（6）不苛求的原则。品德教育落实到家庭里，父母常常认为"孩子听话就是懂事"。总想把自己作为过来的人的经验灌输给孩子，希望孩子沿着自己指明的正道走，少走弯路，全盘接受自己的指导。然而，事与愿违，孩子总是越大越不"听话"，怎样改变这种情况呢？

一是给孩子更多的理解和尊重。父母可以反思：是不是居高临下的态度让孩子消极抵抗？是不是对孩子的要求过于严格，导致他们根本做不到？自己是不是没有尊重孩子的意见？自己的言行是不是伤害了孩子？父母只有意识到这些问题，才能做到对孩子的尊重和理解。

二是给孩子更多的宽容和接纳。世上没有十全十美的人，大人做不到的，不能苛求孩子做到。如果看到孩子有一个缺点，就穷追不舍地督促孩子改正，久而久之，孩子的负面情绪无处表达，或者越来越否定自己，或者麻木机械地服从，或者选择退缩或者暴力。这样的情况你是不愿看到的，所以对孩子不能求全责备。

2. 理性对待孩子说谎。

几乎每个孩子都撒过谎，撒谎不是品德问题，只是成长过程中的一个阶段。即便如此，说谎是不对的，应当教育，引起重视。分析孩子说谎的原因。

一是孩子想要逃避责任。孩子往往认为他人没有看见就可以不承担责任，所以说谎。

二是孩子为了达到某种愿望。把希望的东西当成是得到的，因而产生了幻想，并非真的想说谎。

三是孩子为了引起他人注意。说谎比较能引起别人的关切，所以，孩子可能用说谎的方式来引起他人的注意，表达自己的存在，希望得到关注。

四是为了掩饰过错。以前孩子做错了事，非骂即打。可能说了一次谎后就得到原谅过，所以，再试试看。

当然，也有孩子的谎言不是有意的，心理学上叫无意谎言。比如一个小孩子，在描述一件事情时，说的内容和现实不符，是缺乏观察，这种情况也被称为"谎言"，是正常的。

大多数孩子的谎言都是有原因的，父母要善于合理分析，找出孩子说谎的动机与原因，这样可以让孩子知道父母关注他们的行为和需求。

3. 孩子撒谎了怎么办？

忠诚老实不是从天上掉下来的，而是在生活中养成的。面对孩子的撒谎行为家长应做到以下几点。

（1）接纳孩子的恐惧情绪。让孩子有说实话的勇气，说了实话会找来麻烦，你想办法不让孩子承担责任，他就会实话实说了。在孩子承认撒谎表示改正时，家长要表示信任，不能因为一次撒谎，就认定永远撒谎。信任可以使孩子自觉地自我约束、监督。

（2）认识撒谎的后果。告诉孩子什么是发生的、什么是想象的，说发生的、想象的如果说的话，加上"我想……"说了想象的话就是撒谎。撒谎会给别人带来伤害，产生严重后果。

（3）拥有一颗平常的心。对孩子不提过高的要求，一般就不会撒谎。善意的谎言虽然也是谎言，但是很美丽。

（4）请心理师帮忙。如果谎话涉及品质问题且一贯性，就要请专业人士解决。值得注意的是，家长不要对孩子说"你是个小骗子""你就爱说谎"，更不能用暴力方式试图改变孩子。

教育不育人，教育等于零；育人不育心，一切归于空。

教育孩子从小懂得感恩

感恩是每个人都应该具备的基本道德准则，是做人起码的修养，是一种处世哲学，是生活中的大智慧，也是人之常情。感恩意识绝不是简单的回报父母养育之恩，它还是一种责任意识、自主意识、自尊意识和健全人格的体现。

感恩教育具体到家庭，就是尊重长辈、孝敬父母、关爱家人。这是感恩的第一步，是做人的基本要求，也是处理人际关系的第一步，是关心他人、热爱祖国的基础。有人说"你连自己的父母都不孝，还谈什么热爱祖国"？

教育的"教"，左边是个"孝"字，右边是个"文"字，就是说，教育孩子要先"孝"，用文明的手段去说服。

如今的孩子，大多享受着家里几代人的关照和宠爱，久而久之孩子就觉得这一切都是理所当然的。作者从某校四年级学生调查发现：父母病了，50%的孩子不端水、不递药、不过问；大多数孩子都会要求父母给自己过生日，要求各种各样的生日蛋糕、礼物，但不知道父母的生日；知道父母生日的学生却少得可怜。这种现象、差距足以让每个为人父母者深思。

感恩教育要从小事着眼，从身边人入手，教育孩子认识、感受、体验父母、老师、同伴、身边人对自己的关爱和帮助，让孩子知恩图报，从而爱父母、爱老师，进而推恩及恩，发展成为一种生活态度、一种品德。若一直让孩子以自我为中心，孩子就永远学不会感恩。让孩子学会感恩，可以从以下几方面入手。

1. 建立长幼有别的家庭关系。

在处理孩子自己的事情时，尽可能按他们合理的意愿办事。同时，也要让孩子知道父母是长者、是家庭生活的主事人，不能颠倒主次，不能任孩子在家里"逞强胡闹"。现在，不少家庭中，孩子是"小太阳"，父母是围绕着孩子转的"月亮"，这就为孩子形成以自我为中心的"小霸王"性格提供了土壤，更谈不上培养孝敬父母的好习惯了。

2. 生活自理，了解父母的辛苦。

很多孩子不知道父母的工作情况，不知道父母的钱是怎样得来的，只知道向父母要钱买这买那，认为一切都是天经地义的。这样的孩子怎么会从心底里孝敬父母、感恩生活呢？父母可以有意识地把自己的工作和收入的情况告诉孩子，说得越具体越好，让孩子明白父母的钱得来不易。星期天可让孩子去卖一天菜，体验一分一毛的赚钱艰难。这样，孩子会逐渐珍惜自己的生活，珍惜钱财食物，也会从心底里产生对父母的感激和敬重。

有的孩子是吃家里喝家里，不干活儿、玩手机，还和父母顶嘴、气父母，这样的孩子能有出息吗？

3. 小事入手，形成孝敬的习惯

根据孩子的年龄、能力、学习情况，分配给孩子具体任务，比如要求孩子每天问候下班回家的父母亲；劳累时，让孩子做家务；吃饭时让孩子给你承饭；生病时，让孩子照顾，说些安慰话；必须让孩子承担力所能及的家务劳动，哪怕是吃饭时摆筷子。这样能帮助孩子不断增强感恩概念："父母养育了我，我应该为父母做事。"

4. 做孝敬长辈的楷模。

孩子对待父母的态度，直接受父母对待长辈的影响。今天父母怎样对待自己的长辈，明天孩子很可能就会怎样对待父母。现在，冷落自己父母的父母情况还是存在的，有些中年夫妻，不仅不照顾自己的父母，反而，千方百计地"啃老"，这对孩子的影响可想而知。

5. 创造移情的生活环境。

与老人一起生活的孩子，往往会娇里娇气，长辈心疼孩子是可以的。如果什么事都包办，被长期照顾，缺乏独立生活能力，是无法感同身受地体会做事辛苦的。只有当孩子的需求无法满足、遇到困难无法解决之时，才能体会到别人给予的帮助心怀感恩。生活中应创造这样的机会，引导孩子体会别人的心情。可以和孩子玩"角色互换"的游戏，让孩子扮演妈妈，妈妈下班回家，要下楼买饮料还要洗碗。

6. 有意识地表达爱与感情。

逢年过节，父母带着孩子一起去看望老师、外婆、爷爷、朋友等，表达对他们的感情。启发孩子记住老师、朋友的帮助，记住爷爷、外婆的养育之恩，使其做个知恩图报的人。

7. 学会感恩生活。

教育孩子感恩生活、珍惜生命、学会生存。遇到困难时，不要怨天尤人，怀着感恩的心，痛苦就会消失，看到美好。珍惜自己所得到的一切，平常心看待生活中的每一件事。

每个人都要保持一颗感恩的心，你的生活才能丰富多彩。独一无二的你是个奇迹，你生活的世界也是一个奇迹，不必来到山巅才能激起你的感激之情，你只要想想自己活在这个地球上的事实，你的灵魂一定会轻叹一声"谢谢"！

感激之情不要保留、不要抗拒，你觉得该感谢的就都感谢。如果你看了这本书有所收获，也会说声"谢谢作者"，让你感恩的心洪流吧！

交往能力的发展指导

1. 交往对孩子的意义。

孩子的学习、成长过程，是在与其他人的交往过程中实现的。孩子需要朋友，并在群体生活中与人交往。只有孩子有了真正的朋友，有了交往的圈子，才会对生活有更丰富的体会，才会有交往的快乐，也才能有相对于成人的独立性。

与人交往，是学习社会规范的重要方式。伙伴是一面镜子，通过交往，可以学会调整自己的行为，学会遵守规则。

友谊能为孩子提供相互学习的社会技能，扩大社会关系，还能帮助孩子体验情绪。良好的友谊，对孩子的学习、生活是大有好处的。只有从小培养孩子的交往能力，将来才能适应社会。

2. 如何培养孩子的交往能力。

（1）学会体谅人。有的孩子在交往中很霸道，动不动发号施令，这样就很容易造成冲突。家庭生活中，适当地让孩子"参政议政"，让孩子慢慢体会别人的心境，站在他人的角度看问题，将来交往的朋友才会多。

（2）合群意识的培养。观察一个群体就会发现，有些孩子特别受欢迎，也有个别孩子谁都不愿意跟他玩。如何做才能合群呢？

一是家庭教育不要迁就孩子。成人凡事对孩子忍让，一切围绕孩子转，势必形成孩子"窝里横"。当孩子走入社会，他们不知道如何面对别人的拒绝，过于自我的行为只会令同伴反感。

二是家庭教育不过分专制。权威型的父母，导致孩子性格懦弱、顺从。这样孩子在交往中容易被同伴忽略。

三是提高孩子交往能力。只要有活动，就鼓励孩子参加，多接触新鲜事物，在见多识广方面展现个人魅力。

（3）创造平等和谐的交往气氛。孩子的问题，有可能是父母影响的。有些孩子在交往中以自我为中心，过分专制，听不得反对意见。说明在家里父母就是这样要求孩子的，模仿父母的做法去要求他们的小伙伴，服从自己的意见。

（4）教给孩子基本的交往原则。换位思考的原则、相互信任的原则、遵守公平的原则、君子和而不同的原则、有意见当面提的原则、善待孩子朋友的原则、正确处理冲突的原则等。

不遵守公平的原则，这样的朋友不值得发展，也走不远。如果朋友要求你做坏事，你可以拒绝。

父母可以对孩子说"不可能跟每个人都能成为朋友"。虽然不是朋友但不能歧视他，要尊重不同，也不要一味地迁就对方，而丢掉自己的个性。古人曰"君子和而不同"，人与人交往贵在求同存异，"和而不同"是交往的基本原则。

告诉孩子朋友之间有意见当面说，比背后议论要好。人与人相处，总免不了有不同的看法，这个时候对事不对人的当面说说。如果你有不了解的隐情，他会解释给你听，分歧也许就消除了。在背后议论，当事人不知道你的看法，于事无补。再说，背后议论的内容如果在传话过程中走了样，伤害了对方，就会失掉这个朋友。不要把同学的玩笑当真，不要为一点小事斤斤计较。

同伴交往中，发生矛盾冲突的情况非常多，怎样处理这类事件，这里面有学问。

与其期望别人改变，倒不如完善自己，这句话很有智慧。每个人的生活方式、思维方式、行为习惯和个性品质等存在差异，出现矛盾很正常。直面矛盾，鼓励孩子自己去解决。当知道孩子与同学发生冲突的时候，有的家长采用了两种最坏的方式。

一种是质问"为什么他不欺负别人呀，是不是你又招惹人家了"？另一种是不问青红皂白，立刻认为自己孩子吃亏了，找老师、找对方家长，甚至等放学时拦在路上，恐吓对方。

这两种不当方式，把孩子的生活环境变得更糟。正确的方式应当是给予孩子精神层面的支持，鼓励孩子成为解决问题的主角，要让孩子明白，父母已经知道了他们的麻烦，可以给孩子一些解决问题的建议，问问孩子是否需要父母出面，引导孩子认识到什么样的处理方式更好。

需要注意的是：如果确定孩子遭遇校园欺凌，除了跟老师反应情况，还需要出面与对方父母沟通，寻找更好的处理方法。

对于孩子来说，伙伴是他进入成人社会的同行者，他们彼此挽着手，并肩而行，会使他们走得不孤单，也更有勇气体验生活中的许多第一次。

（5）为孩子创造交往实践的机会。如参加一些主题夏令营，也可和同年龄段的家庭结伴出行。平时鼓励孩子多参加集会、上个街、走个亲戚了什么的。

（6）关注但不强调孩子交什么样的朋友。孩子交友，父母不能不管，需要给予干预和引导。

这并不意味着父母可以主宰孩子对朋友的选择，或者以强势的手段让孩子切断与某个朋友的来往。比如对孩子说"不要跟他玩，他学习差"。

一方面，朋友是孩子的，选择什么样的朋友，要考虑他们的需要和兴趣；另一方面，父母干预引起孩子的对抗行为，往往问题还没有解决，反而影响了亲子关系。

父母要了解孩子的朋友，知道他们有几个好朋友，分别是谁，来自什么样的家庭等。当孩子谈起朋友的时候，父母应先竖起耳朵听，不要急于发表意见，利用给孩子们的聚会活动当司机的机会，观察孩子们的言谈举止，看看是否有问题。同时，对自己的孩子在交往中表现出的优点给予肯定，对需要改进的地方，给予必要的提醒，如果了解到孩子的朋友及其家庭有严重问题的，则需要介入，与孩子说清原委，而不是单纯地禁止。

（7）善待孩子的朋友。当孩子交了父母不中意的朋友时，需要用恰当的方法引导，尊重孩子的朋友就是尊重自己的孩子。

父母不一定非要对孩子的朋友做出很喜欢的样子，但不能喋喋不休地抱怨孩子交的朋友不好，坚决不能做的事情就是：当着孩子和他朋友的面，拉下脸给人家难堪。

成长中的雾霾

1. 童年期儿童思维的发展。

（1）思维的基本特征。童年期思维属于形象逻辑思维，基本特征从具体形象思维向抽象逻辑思维过渡。6—9 岁属于具体形象思维，转折年龄在 9—10 岁，进入抽象逻辑思维。

（2）思维形式的发展。小学儿童思维分为三个阶段：直观形象水平、形象抽象水平、本质抽象水平。

小学儿童推理能力表现为：演绎推理能力、归纳推理能力和类比推理能力。

小学儿童掌握概念的趋势为：不能理解实验要求，能具体形象描述事物特征，对概念的本质定义和接近本质定义能理解。

（3）新的思维结构形成。与幼儿期相比，发生了质的变化，其主要特点是能理解守恒概念，不再受事物的空间特点等外在因素影响，能够抓住事物本质特征进行抽象概括。

小学儿童能逐渐达到各类概念的守恒。一般而言，达到数概念守恒和长度守恒年龄在 6—8 岁；液体守恒和物质守恒在 7—9 岁；面积守恒和重量守恒在 8—10 岁；容积守恒要在 11—12 岁才能掌握。

形成守恒概念的推理方式可分为三种：恒定性、可逆性和互补性。

（4）脱离自我中心化。幼儿认知具有自我为中心的特点，童年期处于脱离自我为中心阶段，表现出脱离自我为中心的变化过程。4—7 岁儿童具有自我为中心现象，9 岁以后儿童表现出脱离自我为中心的变化过程，8 岁儿童处于脱离自我为中心化的转折时段。

2. 童年期个性的发展。

（1）自我评价能力的特点。自我评价能力包括多个方面，如外表、学习成绩、运动能力、同伴交往、自信心、社会接纳程度等。社会支持因素对儿童自我评价起着非常重要的作用，对自我价值的评价与情感有密切的联系。

（2）自我控制能力的发展。通过"延迟满足"研究儿童自我控制行为，学会等待，抑制欲望，随着年龄增长而显著提高。

3. 童年期道德的发展。

道德情感是人的道德需要能否得到满足而引起的一种内心体验，童年期随着认知的发展，道德情感日益丰富，并影响着道德行为。

（1）道德认知的发展。童年期道德认知发展分为三个阶段：

第一阶段，前道德阶段，属于道德判断之前阶段，儿童只能直接接受行为结果。

第二阶段，他律道德阶段，是指道德判断的标准受儿童自身以外的价值标准支配。该阶段儿童认为：规则、规范是由权威人物制定的，不能改变，必须严格遵守。对于行为好坏结果的评定，只根据后果，而不是根据行为者的动机。

第三阶段，自律道德阶段，是指儿童道德判断受自己的主观价值标准所支配，即外在道德标准内化于己，该阶段的特点有：一是认识到规则具有相对性，是可以改变的；二是对行为好坏的判断依据，着重于主观动机或者意图，而不是后果。

（2）道德行为的发展。分为亲社会行为和攻击行为两种。亲社会行为是指对他人或者社会有益的、有利的积极行为及趋向；攻击行为是针对他人的具有敌视性、伤害性、破坏性的行为。

小学儿童欺负行为特点有：

一是小学儿童欺负行为的发生率为 20% 左右，并随着年级升高而下降。

二是言语欺负的出现率最高，其次是直接身体欺负，间接欺负的发生率最低。

三是欺负的性别差异，男生以直接身体欺负为主，女生以言语欺负为主。

四是经常受欺负的儿童通常会导致情绪抑郁、注意力涣散、孤独、逃学、失眠、学习成绩下降，严重者甚至出现自杀行为。

4. 童年期同伴交往。

（1）童年期同伴交往的意义。

第一同伴交往是童年期集体归属感的心理需求。

第二同伴交往促进儿童的社会认知和社会交往技能的发展。

第三同伴交往有利于儿童自我概念的发展。

第四同伴交往能增进良好的个性和社会责任感。

（2）同伴交往中儿童的人气特点。分为以下三种：

第一种受欢迎的儿童，其特点是主见、独立、能力强、热情、合作；第二种不受欢迎的儿童，其特点具有攻击性、不友好、喜欢恶作剧；第三种受忽视的儿童，其特点是退缩、安静、顺从。

5. 友谊的发展。

（1）友谊发展的意义。童年期儿童非常重视友谊关系，朋友之间相互提供学习上的帮助、交往中相互支持，提供解决问题和困难的力量，增加快乐和兴趣等。

（2）儿童对友谊的认知。儿童对友谊的认知经历了四个阶段：

第一阶段 3—5 岁，短期游戏伙伴关系；第二阶段 6—9 岁，单向帮助关系；第三阶段 9—12 岁，双向帮助关系；第四阶段 12 岁以后，亲密而又相对持久的共享关系。

6. 童年期亲子关系的特点

这个时期，亲子关系表现在父母与儿童对其行为的共同调节，从幼儿期父母对其行为的单方面控制，逐渐转变为由父母和儿童一起来做决定。

父母、老师都应该懂得，在与儿童的教育互动中，应提高自身的修养和教育能力。

儿童与父母的交往，随着年龄的增长而下降，与同龄伙伴的交往随着年龄的增长而快速上升，与老师的交往，在小学中年级以前随着年龄的增长而上升，之后，则一直维持在平常水平。

青少年自主性发展指导

青少年的自主性，是指青少年自己思考、感受、做出决策和独立性的行动能力。在青少年期，孩子在情感上与父母分离，学会自我管理，做出积极、健康的决策，这一过程称为自主性发展。

自主性发展具有重要意义，因为它是使青少年成为一名不依赖于父母和其他成年人的独特、独立和有能力个体的标志。

1. 情感自主性发展。

情感自主性的发展，意味着孩子能够逐渐意识到自己和父母是单独的个体，对父母的情感开始去除理想化色彩，对父母的依赖性降低，个性化行为增加。这对他们的独立性发展有重要作用。

（1）情感解脱。青少年早期试图切断在婴儿期建立起来的，并在儿童期加以强化的对父母的依赖。年幼的孩子会在无意中受到父母异性一方的吸引。而对父母中同性的一方有一种矛盾的感觉，这被称为"恋母情结"和"恋父情结"。

青少年面临两项发展任务：一是与异性接触；二是要摆脱父母的权威、脱离父母的束缚，并获得独立。

因此，青少年在情感上逐渐与父母分离开来，并把自己的情感精力投入与同龄人的关系之中，尤其是与异性同伴的关系之中。

（2）个体化。孩子的第一次个体化过程发生在3岁前，产生最初的自我独立感。第二次个体化过程出现在青少年期，孩子觉得自己是一个有能力、具有自主性、可以与父母及他人分离的个体，成功地完成青少年能够为自己的选择承担责任，摒弃对父母的幼稚依赖，产生更加自主的感觉。在个体化的过程中，孩子与父母之间会有更多的冲突，但这并不会削弱他们之间的亲密关系。

（3）情感自主性对孩子心理发展的影响。研究发现，情感自主性与青少年心理适应之间的关系，受到亲子关系和父母特点的影响。获得情感自主性又觉得同父母在情感上疏远的青少年，其心理适应能力较差；获得情感自主性，同时又对父母存在健康依恋的青少年，则比同龄人在心理上更加健康。如果青少年的父母不存在抑郁症状，那么青少年的情感自主性越高，其问题行为发生的可能性则越低。

2. 行为自主性发展。

行为自主性，是指青少年能独立进行决策并执行这些决策的能力。有行为自主性的青少年，在决策和行动时，能够征求他人意见，权衡利弊，最终做出独立的判断。

（1）青少年独立决策能力的发展。独立决策能力的发展是以认知能力的发展为基础的。随着青少年多维度思考能力的发展，他们逐渐能够运用多种方式来看待某一事件，能在头脑中同时显现多种观点，权衡他人意见和建议，进行较为严密的推理，对各种决策所产生的后果也会进行权衡和分析。

孩子的角色扮演能力也进一步提高，能够在采用别人建议之前，设身处地地思考别人为什么提出这样的观点，给出建议的人，是否受到某些利益的影响等。

研究发现，青少年在进行日常事务、人际交往方面的决策时，更可能接受同龄人的意见，这在青少年早期尤为明显；在进行教育、职业规划、价值观、信仰方面的决策时，则主要受到父母的影响。孩子在整个青少年时期，对父母和同龄人的意见的遵从程度，表现出特定的模式。

一般来说，在青少年早期，他们对同龄人的遵从程度较高，大约在 14 岁时达到巅峰，随后就会下降。出现这一模式的原因是：一是青少年在这一阶段，非常希望得到同龄人群体的接纳，他们更关心朋友们是如何看待自己的，为了避免被拒绝，需要与同伴团体保持一致；二是青少年还没有达到真正的情感自主性，这需要一个"中转站"，在这个"中转站"中，需要同伴来填补空缺。

（2）行为自主性对孩子心理发展的影响。研究发现，青少年独自决策、父母单边决策和联合决策，这三种决策与孩子的学习成绩之间有相关性。孩子独自决策与较差的学业成绩相联系，联合决策与较好的成绩相联系。三种决策还与孩子的社会性发展、偏差行为的发生以及学业能力也有类似的相关性。

由此可见，青少年的行为自主性不是一蹴而就的，而是一个逐渐发展的过程。在这一过程中，由于父母参与的联合决策逐渐过渡到孩子的自主性决策，这对青少年的心理发展比较有利。

3. 父母要促进孩子自主性的发展。

（1）调整对孩子的教养行为。进入青春期，孩子逐渐把父母作为普通人来看待，并且对自己的选择和行为开始承担越来越多的责任，生活独立性越来越强。这时候，父母如果不及时调整对他们的教养行为，仍然像童年期那样的"照顾"和"保护"，那么，亲子间的争吵或者冲突就会增多。

过分疏远或者过分干涉或者过分保护都不利于孩子自主性的发展。研究发现，权威型的父母，更有助于培养孩子的自主性、责任感和自尊。父母所营造的家庭氛围是温暖而坚定的，对孩子既理解、尊重又严格要求。例如，在孩子制订暑假计划时，父母与孩子坐在一起，先让孩子说出意见，父母再提出意见，然后进行平等协商，最终确立一个大家都能认可的计划。计划的内容也非常明确、具体，具有落实的可靠性。

（2）与孩子进行开放式的交流。比如，在晚餐后、双休日孩子完成作业后，一起对家庭、学校的规则和价值观问题，对网络新闻中的热点事件进行探讨，各抒己见，不强加自己的观点给孩子，不逼迫孩子认同父母的观点。这样做实际上孩子会重视父母的观点和意见。

（3）不要取笑孩子及其朋友的观点。在自主性发展的过程中，孩子会向同伴寻求支持和帮助，父母不要因为孩子听从朋友的建议而责备他、取笑他。尽管意见幼稚可笑，可开个家庭讨论会，询问孩子在相同的情景中他的朋友会怎么做？为什么？然后去寻求他朋友观点背后的原因，让孩子学会从不同的视角来看待相同的情景或者问题。

（4）给孩子一定的自主选择权。中学以后，孩子就希望独立地去处理自己生活中的一切事情。父母应该尊重孩子的这个要求，对他们一时还做不了的事情，也不要包办代替，而应该指导。孩子在自己处理问题的过程中，就会动脑筋、想办法，如此也就锻炼了孩子的应变能力。如假期安排，让孩子自己去制订计划，是否参加什么兴趣班、补习班。

（5）让孩子对自己的选择负责。告诉孩子：做出的决策不可能每一个都是对的，即使有遗憾的选择，也自有价值。

当孩子选择了不佳的决策，父母也要肯定而不是抱怨"我早知道就会这样""不听我的话有好结果吗"，如果指责孩子的选择，孩子以后就不敢为自己做决策。

在执行决策过程中，孩子有一些过失的时候，父母也应该保持冷静，不要训斥、恐吓，更不要夸大其词，而应该实事求是地讲清道理，明确指出弥补过失的办法。一般来说，孩子有了过失的时候，恰好是我们教育的大好良机，因为内疚和不安使他们急于求助，而此时他明白的道理有可能刻骨铭心。

教育孩子心理探秘

有逆反心理的孩子，具有极强的自信心，表现在说话不看大人的脸，沟通教育时让他看你的鼻尖，让他读懂大人的表情，克服他目空一切的心理。

接受劝告的心理。劝告如果不符合对方的心理，会把你的话当作耳边风。所以，劝告应该从了解对方开始，才能使自己的意见符合对方的需求。如果接受，他会看你一眼，你在揣摩孩子，孩子也在观察你。

偏爱自己的心理。认为自己好自己对，不会认错。如果家长误解了孩子，就无法充分发挥孩子的才能，让孩子产生不满，引起不快，一个人被冤枉之后的愤怒是可以想象的。

笑口连心的心理。从笑声中了解孩子。如果教育成功，孩子的笑声从腹腔中发出"嗯嗯"；如果是"哼哼"的笑声，说明你的赞美他感到惊讶，出乎他的意料；如果笑而不张口，则认为你只说对了一半，不服气；如果张口大笑，则说明你文不对题；如果是"呵呵呵"的笑声，是掩饰内心的牢骚或身体疲倦；如果是"嘿嘿嘿"的笑声，是对你的指责轻蔑或心有不安或烦恼，另当别论；如果脸笑而眼睛没笑是假笑，是莫名其妙的笑，可能嘲笑自己或嘲笑对方，或许是充满妄想意味的笑；爽朗的笑声是愉快、取得成绩的反应；"吃吃"的笑声是冷漠的反应。

性格内向人的心理。表情变化贫乏、僵硬，感情不显于脸，就算你逗他笑，他也觉得没什么可笑的。这样的人忍耐性强，容易自卑，对母亲撒娇，产生自闭，说话声音小。不喜欢他人进入自己的内心，不希望对方知道他的事情。正因为如此，他会冷漠地接受一切，也会拒绝很多。这样的性格，教育者要慢慢来。他的警戒心理很强，所以容易受到伤害。

网络游戏入迷者的心理。信息时代，外向型人一般不会入迷，因为电脑不会撒谎、不会发脾气，能忠实地执行程序等；内向型的人会感到安心与信赖，所以网络游戏入迷九成以上是内向型的人。解决的办法是内向型人喜欢观天空、野鸟、鱼，爬山、栽花、读书等，利用这些活动占用他沉迷游戏的时间。

性格外向的人的心理。说话速度快，像放鞭炮，言语流畅，随声附和，给人快乐轻松的气氛。赞扬他时，他喜不自胜、充满感谢，当他感到安心松弛时，就会劲头十足。所以，选择他心情好时施以教育，会收到良好的效果。但注意外向型人见异思迁、易冷易热、难以坚持。

分析孩子听讲话的心理。我们不能认为顺从地听，就是"孺子可教"。听讲话有下面表现：呆望着听、低着头认真听、面带笑听、听完之后马上离开。第二、三种听会有成绩。听讲话如果把双手交叉在胸前，会有反抗意识。

口是心非的人的心理。把自己的想法推到别人身上或模棱两可地答话或表现哭笑。对付这种人应采用"危险"法，激他生气。因为人在生气时，容易说出真话。

把"我"挂在嘴上的人的心理。这种人不考虑对方的立场，希望显示自己的存在，说话围绕"我"打转。如同断奶时期的幼儿一样，寻找安全感，是为了向母亲提醒他的存在。夸耀自己的成绩，他期望你赞扬他"不错"，就心满意足了。

炫耀是自卑的心理。表现欲是人人都有的。为什么要炫耀呢？人在成长过程中崇拜偶像，如果自己觉得差距大，就会试图以炫耀来弥补。比如把自己知道的独家秘密向母亲炫耀，以博得母亲的欢心，母亲要了解其用意，赞美一句。

感情脆弱的心理。这是人共同的弱点。有时候简单一句话就把孩子教育了。比如大人说："我们小时候没吃没喝，你奶奶借了一升麸子一家人吃了3天。"孩子强硬的心被攻破了。

自我扩张型的心理。你说东他说西，你说左他说右。坚持自己的想法、做法是正确的，试图说服别人。家长碰到这样的孩子，切勿打击他，应加以激励说："听老师说你最近表现不错。"如果你刺激他，他会显露出隐藏在内心的反抗心理。

说谎言者的心理。生活依靠一些无伤大雅、可以原谅的谎言沟通人际关系等。

眼睛通心的心理。会说话的眼睛，眼睛会"揭露"嘴巴所讲的谎言。如果眼在笑则心必然在笑，如果心在笑，就是紧张情绪获得缓解。如果脸笑而心不笑则是谎言。注意眼睛流露出的各种变化，可以读懂一个人的心理。

鼻子通心的心理。鼻孔稍微张起时，表示对你说的话不满；鼻头冒汗，表示心理焦躁或紧张，或是心有愧意，受良心苛责，或是隐瞒了某个秘密；鼻头泛白，显示内心恐惧。

嘴巴动作的心理，撇嘴表示不平或不满。一个人发笑时，嘴巴无法随着活动，可以马上看出他是僵硬、歪斜的嘴。遇趣事大笑到眼睛也泛着笑意而嘴巴却笑不出来的人，他的内心难以捉摸，可能在怀疑你的讲话。这一点儿童表现最为突出，父母当心不要受骗了。

表面温顺的孩子的心理。有时孩子听了父母教导，立刻表示赞同说"是"或"对"。事实上，很少按照大人的意见去做。一位智人说"很容易接受对方的意见，而且马上迎合的人，很少能坚持对方的意见"。因此，当你听到此类孩子的承诺时，不必马上相信他，反要对他有警戒心。

眼神的心理。一接触对方的眼睛就悄然移开，视线朝下，是怯弱的表现；视线左右移动是拒绝的表示；笔直的视线是敌对的表示；朝上的视线是自信的表现。略微上扬，处于恍惚状，有较高的欲望，但目的模糊；眼睛发亮，视线朝正面注视，说明非常关心，也有警戒心；眯起眼睛似乎合上眼皮，视线朝下，是注意力分散，不想听你讲下去。

顽固者的心理。以自我为中心，坚持自己的想法，不与他人沟通，在事实面前也不相信。但是，顽固者非常正直诚实，一旦下了结论，纵然有违自身利益，也要坚持到底，而绝对不做背叛之事。可利用这个优点，静静地听他言论和主张，并对其表现出理解的神情，从而化解其顽固强硬的态度与心理。

傲慢的人的心理。具有极强的自信心，也有内心深处的惶恐。一方面骄傲，另一方面生怕别人超越自己。对付这种人，你不妨以更傲慢的态度相对，装作不在意对方傲慢的模样，或用能力或权力更高的人去压制他。孩子如果有这种心理，可因势利导，鼓励他更上一层楼。

行为心理。触摸自己身体是一种心理自我安慰。当受到伤害或受到打击的人，会渴望接触所爱的人或触摸自身，以安慰自己的情绪。

第四章 老师的话

作者深刻地体会到，现在孩子难管、学生难教。此时此刻，想把笔者几十年的教育经验和大家分享，意在做一件有意义的事。谨以此文献给天底下的父母和老师，作为教育孩子的成长说明书。

做个好父母好老师的准则

1. 责任。

为教育孩子担起责任、重任，愉快地奉献、无私地付出。

2. 欣赏。

最美的风景就在身边——孩子，从他身上发现一点、一条优点，你肯定的一句言辞，他如获至宝。为孩子的努力点赞，竖起大拇指，是你的义务。看到他行为的一点改变，就把"鲜花"放在合适的地方。

3. 理解。

心有灵犀一点通，换你心为我心，身临其境。了解孩子的性情，沟通如流水。原谅他的过错，知恩图报。

4. 尊重。

爱是你手里的一捧沙，面对孩子，你应微笑。举手投足，无微不至，一点小事，点到就是。情爱相加，唯有赞美。

5. 宽容。

给爱更广阔的空间，为幸福做改变。承认差异，爱那些不能改变的，在争论到来时，及时"刹车"。宽容是财富，我们原谅吧。

6. 体贴。

幸福，只需要满足一个小小的愿望。倾听，暂时忘我。别让他成为孤岛，细节处有温暖。让爱近在咫尺，靠近他的生活区。

7. 坦诚。

心与心的零距离接触，把话"倒"出来。

8. 乐观。

释放坏心情，带着微笑回家。给爱加点幽默，用游戏创造快乐，你快乐我快乐，欢声笑语。

9. 保鲜。

爱也要保鲜，让爱和岁月一起成长。再回首，重温往事，心潮彭拜，师生情、母子情，爱加一等。别计较得失，制造浪漫。

付出自己的爱心，可以创造出生命的奇迹！

心理健康与教育者的关系

第一种关爱：爱是有规则的，不需要包装。爱有两种，一种叫溺爱，一种叫宠爱。相信孩子，给孩子自由，不给孩子压力，不给孩子恐惧，这不是溺爱，也不是宠爱。溺爱和宠爱的区别是看你是否和孩子的心在一起，如果和孩子的心在一起，你不管怎么做都是宠爱；反过头来，你不和孩子的心在一起，你怎么做都是溺爱，不管你是温柔还是野蛮都是溺爱。溺爱就是过多地干涉和破坏孩子，过多地代替和帮助孩子。如指责、唠叨、批评过多就是干涉和破坏；过多地想办法、找门路、弄关系为孩子铺路就是代替和帮助。这两者都是过多溺爱的范围。

孩子值得信任。打个比方，请问，不管你现在的情况怎样，你是不是希望以后的自己过得更好，我想答案一定"是的"，这就是生命向上的力量，你有，你的孩子跟你一样具有。比尔·盖茨在给他的妈妈一张问候卡中这样写道："我爱你妈妈，你从来不说我比别的孩子差，鼓励我一生奋斗。我怀念和你在一起的所有时光。"可见鼓励和鞭策才是宠爱。爱是有规则的，符合规则的爱才是宠爱。和孩子的心在一起的爱，才是真爱。

爱孩子要讲究方法，讲究原则，考虑孩子的感受，让他多体验生命的价值，不要啰唆理由。我们知道你啰唆的背后是恐惧，担心孩子学不好，将来生活不幸福，甚至害怕变坏。请问你担心那么多干什么，孩子的未来往往不是你担心得那么可怕，你现在应该多陪陪孩子，让他按着自己的节奏走。

第二种示弱：孩子无论依从母亲还是父亲，都会遭到另一方的责难，得不到双亲的肯定或者否定。有时候双亲的观点含含糊糊，孩子找不到原则，凡事都要看父母的脸色，猜测父母的心思去行动，这样的孩子心理就不健康。

第三种无奈：在大人看来，孩子不做是笨，做错了也是笨，总归是笨。双重束缚孩子，内心冲突持续存在，孩子积攒着很大的焦虑，无可奈何。

第四种强弱：在孩子早年的心理发展中，母亲的作用远大于父亲。与母亲的关系几乎决定了每个人内心是否有安全感、亲密感、快乐感与成长动力，而父亲却是他最初成长的领路人。

一个很严厉、很负责的母亲，要说服她的孩子犯错误、说假话、干坏事比上天还难。因为这样的母亲很讲道理，做事情总在理上，做事勤奋，和她说话，你感到理亏、气短。

第五种倾斜：平衡是家庭关系的第一原则，倾斜是另一种平衡。母亲的角色太强，弱化了父亲的作用，孩子表现出依赖和柔弱。由于不平衡，在互动中没有另一方的加入，也失去了孩子在双亲行为中做出适应性选择。久而久之，成长的动力被压抑，导致孩子的心性发展延迟。其实，大多数孩子的行为紊乱最初都是指向 —— 母亲。要孩子有变化，父母要率先变化。

第六种平衡："母子同盟"是对家庭关系的一种描述。在一些家庭里，常常看到一个很权威的父亲，指责母亲过度地娇惯和纵容孩子，而不争气的孩子，却一心一意地黏着母亲。

"母子同盟"的心理学描述是，父亲在家庭情感关系或者权利关系中的缺席。父亲长期出门在外，孩子的个性松散自由，放任不管，没有责任感。孩子成为父亲腿上的一个"绊马绳"，母亲向丈夫夸大孩子的问题，以此来向丈夫索取关心。

此外，"母子同盟"还指那些人格不完整、缺乏自我认同和对丈夫不信任的母亲，通过下意识地对孩子的深层依恋来获得内心的稳定。一般来说，母子热恋是从出生到两岁，至于孩子"成瘾"，要和孩子睡到很大的时候。父亲常常是客厅或是小房子的睡客。

第七种恋母："母子同盟"让孩子成为夫妻个性冲突的一个投射容器，夫妻无意识地把婚姻的问题转嫁给孩子，动不动拿孩子说事。由于母亲的性格，孩子的自我发展被压抑，这种压抑会延续到青春期并猛烈地释放出来。

第八种矛盾：许多孩子都是在家庭"战争"中成长的。如果父母都是精英，孩子可能就不会那么幸运地蒙混过关。父母与孩子不交谈则罢，一交谈就要触及孩子的灵魂，直到把孩子的心灵挫伤得百孔千疮。

作者发现家庭地位越高的孩子，心理问题就越多，解决症结也更麻烦。因为孩子的智商高，他们在父母的"交锋"中，已经学到了行为障碍来应答困境。

第九种束缚：家庭交流的一种矛盾的不确定性，不知道对方是关心自己还是抱怨自己。

如父亲说"我这样做是为了你好"，而孩子觉得接下来要挨揍了。这种矛盾是产生精神分裂症或者情绪障碍的决定因素。在中国的文化里，父母喜欢把对孩子的烦恼，包藏在一种对孩子的貌似关心中，越是与子女关系不好的父母，越容易通过"教育"来发泄对子女的不满。结果，孩子长期处在一种被伤害的悖论情景中，而且还不能反抗这些矛盾信息。慢慢地，孩子会借助矛盾的信息来逃避惩罚，以扭曲的行为方式来应付所有的关系，失去发展正确理解自己和他人的能力，出现人格分化延迟。

第十种分裂：夫妻间过分独立，缺少必要的情感交流。甚至是夫妻同床异梦，彼此疏远，满怀敌意的竞争，拼命试图从孩子那儿得到忠诚与亲近，导致孩子无力回应。孩子感到家庭内部团结的重要性，迅速发展起一种自我控制，来应付家庭里的对立观念，用自我"分裂"去补偿满足父母对家庭关系的需求，以维持家庭分离中的统一、冲突中的和谐。

在这样的家庭关系中，平衡是靠孩子的"自我牺牲"来实现的，孩子的问题实际上是家庭维持的一种条件。但补偿总会有个极限，一旦缓冲失败，孩子可能陷入大麻烦。要么过度控制自己—— 抑郁，要么就是发泄失控—— 躁狂。并持续摇摆在两种情绪状态中，过度控制自己的孩子，可能会把这种家庭冲突潜抑在内心深层，成为神经症或者心身疾病的心理根源。发泄失控的孩子却像是反叛"家庭现实"，逼迫父母改变态度，调控家人。这种失控被称为儿童神经症或者儿童精神病。

可见，家庭关系的好坏，关系到孩子心理是否健康。

爱播种在哪里，就在哪里结果。

如何建立良好的师生亲子关系

建立良好的师生、亲子关系，要准确地表达尊重、热情、共情、真诚和积极关注。

1. 尊重。

（1）尊重的含义。尊重就是在价值、尊严、人格等方面的平等，一个人的思想感情、内心体验、生活追求与自主性的要求都是一样的，要"无条件的尊重"。

（2）尊重的心理意义。第一，尊重可以打消顾虑，提供安全、温暖氛围，敞开心扉，自由表达；第二，尊重使人感到被理解、被接纳，获得自我价值；第三，尊重能够激发自信心、自尊心，开发潜能，具有改变自我的力量。

（3）准确表达尊重。尊重意味着无条件地接纳，尊重意味着平等，尊重意味着礼貌，尊重意味着信任，尊重意味着保护隐私，尊重意味着真诚，尊重就是从骨子里爱对方、讲方法。

（4）注意事项。第一接纳，不但接纳相同的部分，自己反对的、否定的、反感的内容也应该接纳；第二平等，不能在地位、知识、金钱、文化等方面有差异时，歧视对方；第三礼貌，应遵循礼仪，礼貌待人；第四信任，用人不疑，疑人不用；第五保密，对于隐私要绝对不说，就是在吵架时也不要揭短；第六真诚，知心话儿对他说，不隐瞒，推心置腹。

2. 热情。

（1）热情的含义。热情是助人愿望的真诚流露，也是助人的浓厚色彩。对人尊重而不热情，显得公事公办，将尊重和热情两者加起来，情理交融，感人至深。

（2）准确地表达热情。第一，通过倾听和行为表达，满怀激情的招呼对方；第二，说话时认真、耐心，不厌其烦，语速慢，语音低，清楚明白；第三谈话结束后，强调重点，让对方感到温暖。

（3）注意事项。第一始终表现热情，而不是漠不关心；第二认真倾听，循循善诱，不因内容而指责对方；第三遇到词不达意、前后矛盾时，应该要有耐心，不急躁，把话说清楚。

3. 共情。

（1）共情的定义。对他人内心世界的理解和体验是相同的，又称为同感心、同理心。共情是指体验他人内心世界的能力。

第一，通过他人的言行，深入地体验他人的情感及思维。

第二，借助以往的经验，通情达理，把握他人的问题实质。

第三，把自己的情感传达给对方，表达对他人内心世界的体验和所面临问题的理解，影响对方并取得反馈。

（2）共情在心理中的意义。设身处地地把握他人的内心世界，使他人感到被理解、被接纳，鼓励并促进他人自我探索，自我表达，自我认识，起到明显帮助人的效果。

（3）缺乏共情造成的后果。他人感到失望，可能觉得受到伤害，影响他人自我探索，不能完全表达情感。

（4）共情要准确地把握要点。

第一，从存在的问题和他人的角度考虑。

第二，能设身处地理解，表达要因人而异。

第三，共情要适度，把握时机，把握角色。

第四，善于使用肢体语言。

第五，考虑他人的个性特点和文化程度。

第六，根据情绪、情感考虑是否产生共情，有没有必要。

（5）注意事项。第一设身处地地理解、帮助他人解决问题；第二不能一视同仁，因人、因事而异，视情况而定；第三把握时机，共情适度，恰到好处；第四站在他人角度看待存在的问题；第五角色互换，不断验证共情，得到反馈并及时修正。

4. 真诚。

（1）真诚的含义。真诚是指态度的真诚，真实的我、真诚的我，没有防御伪装，不带假面具，表里如一，真实可信。

（2）真诚的重要意义。

第一，真诚可以营造安全、自由的氛围，敞开心扉，袒露内心，感觉被接纳、被信任、被保护。

第二，真诚为他人树立了一个良好的榜样，学会真实的交流，促进自我探索和改造。

（3）准确表达真诚。真诚不等于实话实说，真诚应该是实事求是，真诚不是自我发泄，表达真诚要体现在非言语的交流上，考虑时间的因素，真诚要适度、要坦诚。

（4）注意事项。

第一，真诚不等于实话实说，说实话不完全是真诚。

第二，真诚不能脱离事实，不能不懂装懂。

第三，真诚不能有感而发，忘情发泄自己的内心世界。

第四，表达真诚适可而止，过度的真诚反而适得其反。

第五，表达真诚不是自我暴露；

5. 积极关注。

（1）积极关注的含义及意义。积极关注就是对他人言语和行为，光明、积极地关注，辩证、客观地看待他人。

第一，积极关注有助于建立良好的关系，促进沟通。

第二，积极关注能帮助他人全面认识自我，客观认识自己。

第三，积极关注能帮助他人树立信心、挖掘潜能。

（2）准确表达积极关注。积极关注就是辩证、客观地看待他人，帮助他人辩证客观地看待自己，避免盲目乐观，反对过分消极，立足实事求是。

（3）注意事项。

第一，既要看到他人的失败、缺点，还应看到优点。

第二，帮助他人积极关注个人，发挥个人的潜能与资源。

第三，积极关注时，应该避免盲目乐观、过分消极。

第四，积极关注应该尊重现实，实事求是，促进他人自我发现、潜能开发，心理健康，全面发展，这是我们的最高目标。

爱能创造出力量，这力量能使人变得杰出。

压力是生活的佐料

从心理学上看压力的定义，压力是压力源和压力反应共同构成的一种认知和行为体验过程。压力源是现实生活要求人们适应的事件。压力反应包括觉察到压力源后，出现的心理和行为反应。

1. 压力源的种类。

（1）生物性压力源。是指直接阻碍和破坏个体生存的事件。如躯体创伤、疾病、剥夺睡眠、噪声、气温变化等。

（2）精神性压力源。是指直接阻碍和破坏个体精神需求的外在事件。如错误的认知、个体不良的经验、道德冲突等。

（3）社会性压力源。是指直接阻碍和破坏个体社会需求的事件。一类是纯社会性的，如社会变革、家庭冲突、师生矛盾等；另一类是自身情况造成的人际适应问题。

2. 压力的内省体验。

心理学所说的压力，是人的内心冲突和其相伴随的强烈情绪体验。按照冲突的形式，将内心冲突分为以下四种类型。

（1）双趋冲突，如车和房不可兼得。

（2）趋避冲突，如想吃稀饭又怕烫嘴。

（3）双避冲突，如前有悬崖后有追兵。

（4）双重趋避冲突，两种选择都是既有利又有弊。

3. 压力的适应。

（1）单一性的生活压力。是在生活的某一段时间内，经历并努力适应着一件，不足以使我们崩溃的事件时体验到的压力。

单一性的生活压力，不完全都是负面的，它可以提高和改善个体的适应能力，积累许多适应压力的经验。如吃一堑长一智。

（2）叠加性的生活压力。是极为严重和难以应付的压力。它给人造成的危害很大。又可分为同时性叠加和继时性叠加。

同时性叠加压力，在同一时间内，若干个压力事件发生在同一个人身上。如四面楚歌。

继时性叠加压力，是指两个以上构成压力的事件，继续发生时体验到的压力。

（3）破坏性极端压力。包括战争、地震、空难等。强大的自然灾害后的心理反应，称为"灾难症候群"。该症候群的特性有三个阶段，第一阶段称为惊吓期，失魂落魄；第二阶段称为恢复期，逢人便诉说自己的遭遇；第三阶段称为康复期，心理慢慢恢复平衡。

（4）心理学把压力的适应过程分为三个阶段。

第一阶段，警觉阶段。当人发现事件并引起警觉，同时准备战斗。交感神经支配肾上腺分泌肾上腺激素，促进新陈代谢，释放存储的能量。呼吸急促，心跳加快，血压、体温升高。

第二阶段，搏斗阶段。进入该阶段，全力投入对事件的应对。个体内在的生理和心理资源被大量消耗，变得敏感脆弱。

第三阶段，衰竭阶段。进入该阶段，消耗了大量的生理和心理资源，筋疲力尽。压力源消失，促成康复；若压力源继续存在，个体仍不能适应，导致疾病。

4. 压力产生的后果如何消除。

压力作用于个体后，需启动认知系统、社会支持系统和生物调节系统。这三个系统都有增益功能和消解功能。

认知系统，评估、调节压力对人格的影响程度，正确评估自己的实力，可使事件强度减弱、降低。个体能否自主地调解压力的出现与发展，能否自由地调整自己的适应行为。对局面进行控制，包括自我控制、认知控制和环境控制。

社会支持系统，支持当事人，在物质上给予帮助，在精神上给予安慰，与当事人一起策划应对方式。

生物调节系统，包括神经内分泌系统和免疫系统，当功能状态不好时，防止应激后，躯体化疾病发生。

导致心理压力的因素很多，来源和性质不尽相同，有社会的、家庭的、生活的，有愉快的和不愉快的，有好的和不好的。不管怎么说，人面对压力总是要采取某种态度去适应的。

愉快的、有利的压力，对人健康不造成危害，短暂的心理压力，危害也很小。但长期的心理压力，使人在生理上产生过度地反应。如果是不愉快的、有害的压力不能得到及时积极地克服，往往会导致各种疾病。

完全没有心理压力的情况是不存在的，没有压力的本身就是一种压力，它的名字叫空虚。那是一种比死亡还没有生气的状况，万般寂寞，无所适从，一种活着却感觉不到自己活着的悲哀。

为了消除这种空虚，不得不去找工作、找压力。人们常说"知足常乐"，这种说法就是鼓励人们降低欲求水平，减少压力。

如何消除、远离压力？这里有十种方法供你参考。

（1）补偿。愿望受挫后，确定新目标，继续前进，获得新的收获，即"失之东隅，收之桑榆"。

（2）升华。落难之后，奋发向上。就是"化悲痛为力量"。

（3）运用压力。压力使人进步。

（4）保持好心境。苦恼时，欣赏音乐；痛苦时，痛哭一场。不生闷气，找人倾诉。思虑过度时外出散步、消遣。

（5）转移注意力。感到度日如年时，扩大思路，大笑、一吐为快、洗温水浴、散步等。也可以把感受写成信，然后扔掉。

（6）淡化功利。往坏处着想，向好处努力。

（7）推移时间遗忘。眼前不愉快的不想，修正认知观念。

（8）顺其自然。想说就说，想睡就睡，不想做的事就放下。

（9）丰富业余生活。唱歌、跳舞、下棋、交友、打牌、书画这六种娱乐方式会让你忘却烦恼之事，永远保持舒畅的心怀，不要死水一潭。

（10）善于做五件事。多计算自己做对的事、多交朋友、多学习、多照镜子、多帮助人。在帮助他人的同时，有一种愉快的感觉，自然忘记烦恼，乐在其中了。

压力面前，既要拼命赶路，也要放松休息。

教育孩子"日念一好"

日念一好，就是每天要念叨一下别人的好处。可以净化心灵、释放压力、团结友爱、砥砺前行。不好的孩子也能被你夸好，因为大家每天都说他好，他不好意思了，就真的改了，变好了。日念一好，包括四个内容。一说二做三擦四照。

一说：每天至少说一句别人的好话（或给他人鼓掌一次）。

二做：每天至少做一件好事（给人一次微笑）。

三擦：每天至少用双手擦热后，擦脸一次（促进面部血液循环）。

四照：每天早晨对着镜子照一照，笑一笑，竖起大拇指为自己点赞，说声："我漂亮。"说别人好，首先赞美自己好。

把"我不行"抛在脑后，把"我可以"立在桌旁。

怎样才是有效沟通

沟通可以理解为：为了设定的目标，把信息、情感和思想在个人或者群体之间传递，并双方达成共识的过程。

沟通概念中包含三个要素，一是目的，确定沟通要达到什么目标；二是效果，沟通要一起达成协议，不然就是无效沟通；三是内容，指信息，包括情感和思想。

从上述概念中，说明沟通是双向交流。沟通以"沟"为手段，以"通"为目的。最完美的沟通是想法传递到接收者后，接收者感知的心理图像与发送者发出的完全一样。

从个体一出生，无时无刻不在沟通中。如果没有沟通，个体就无法存在；如果没有沟通，无论多么伟大的思想，都没有实际价值。

导致人际冲突的主要原因是沟通不良，缺乏有效沟通。不能准确地传递信息、情感和思想，造成工作效率下降、人际矛盾和安全事故发生等。这样就没有真正发挥沟通的作用。

1. 沟通功能。

（1）沟通是获取信息的手段；（2）沟通是思想交流与情感分享的工具；（3）沟通是满足要求、维持心理平衡的重要因素；（4）沟通是减少人际冲突；（5）沟通能协调群体内的行动，促进绩效提高，与组织目标的实现。

2. 沟通的结构。

沟通过程一般由信息传递者、信息、通道、信息接收者、反馈、障碍与背景七个要素构成。

（1）信息传递者。他设定沟通目的，选择沟通对象和方式，发起沟通过程，把信息编码为可以接受的形式。如语音、文字。

（2）信息。传递者想要传达给他人的知识、思想和情感。

（3）通道。指沟通过程的信息载体，人可以通过不同感官来接收信息。如电视、报刊、电话、微信等媒体进行沟通。在各种沟通方式中，面谈沟通最合适，不仅能了解情感，还能掌握心理状态的信息，互动有反馈，保证整个沟通顺利进行。

（4）信息接收者。是沟通的另一方。

（5）反馈。反馈使沟通成为一个双向交流的过程。如果沟通中缺少反馈过程，说明沟通没有顺利完成，这样就不能达到目的。

（6）障碍。如信息传递者的信息不充分、时间紧迫、编码不正确、误解、误用沟通载体及沟通方式。沟通双方情绪、言语、文化、知识经验等背景因素，都能造成沟通障碍。

（7）背景。沟通总是在一定的背景下发生的。任何形式都会受到各种环境因素的影响。如心理背景、物理背景、社会背景和文化背景等。

3. 身体语言沟通。

（1）目光与面部表情。眼睛是内心情感的敏感指示器，一个人有没有说谎，只要看他敢不敢直视你的眼睛就能知道。其次是嘴巴，描写人情绪的词汇大多集中在眼部和口部。如目瞪口呆、扬眉吐气、眉来眼去、张口结舌、咬牙切齿等。

（2）身体运动和触摸。身体姿势和动作可以传递沟通的信息。例如，握手有力、热烈拥抱、轻拍肩膀是友善的表示；身体微微前倾、侧耳倾听是谦恭和专注的表现。

（3）姿势与装饰。姿势是个体运用肢体的动作，表达情感及态度的体语。

（4）人际距离。是沟通和交往时，个体之间的空间距离。个体之间关系不同就会产生不同的人际距离。可分为四种人际距离。

第一种亲密距离（0.5米），通常是亲人、情人之间。在此距离上，双方均可感受到对方的气味、呼吸、体温等刺激。

第二种个人距离（0.5—1.2米），朋友之间，此时说话温柔，可以感知体语信息。

第三种社交距离（1.2—3.5米），公共关系而不是私人关系。如上下级、顾客与售货员、医生与病人之间等。

第四种公众距离（3.5—7.5米）正式场合演讲沟通，往往是单向的。

若能将以上四种人际距离铭记在心，就能准确、顺利地判断出你与对方所处的关系与密切程度。

4. 人际沟通的分类。

（1）组织系统，分正式沟通和非正式沟通。

（2）信息流动方向，分上行沟通、下行沟通、平行沟通。

（3）沟通者位置，分单向沟通、双向沟通。

（4）语词沟通形式，分口头沟通、书面沟通。

（5）身份和角色，分现实沟通、虚拟沟通。

5. 有效沟通技巧 —— 非暴力。

（1）非暴力沟通。提醒人们专注于彼此的观察、感受、需要和请求，鼓励人们相互倾听，培育尊重与友爱，使人们情谊相同，相互帮助，认识了自己，改善了人际关系，改进了工作方式，协调了人际冲突。

观察：非暴力的第一个要素是观察，强调区分观察和评论，如果将观察和评论混为一谈，那人们将倾向于听到批评，产生逆反心理。非暴力不主张结论，提倡在情景中观察和描述观察结果。

感受：感受的根源在于自身，需要和期待，导致了感受。

需要：他人的言行也许和感受有关，但不是感受的起因，感受根源于自身需要。听到不中听的话时，有四种选择。（1）责备自己；（2）指责他人；（3）体会自己的感受和需求；（4）体会他人的感受和需求。

请求：在表达观察、感受和需求之后，我们请求他帮助。清楚地告诉对方，我们希望他做什么。如果不告诉，对方也会感到困惑，不知道我们到底想要什么。

如果我们清楚地表达，无意强人所难，对方会认可是请求而非命令。非暴力沟通的目的不是为了改变他人来迎合我们，而是重视需要，帮助我们在诚实和倾听的基础上建立联系。

6. 有效沟通技巧 —— 倾听。

父母给了我们两只耳朵，一个嘴巴，就是让我们用两倍说的时间去听。在沟通中，听比说重要。聆听是一种重要的沟通技巧。对方是让你来听的，不是让你来说的。

（1）倾听的五个层次。第一种是拒绝倾听或者厌恶倾听；第二种是假装倾听或者听而不闻；第三种是选择性倾听，只听自己感兴趣的内容；第四种是专注性的倾听，全神贯注地听清每一句话；第五种是同理心倾听，设身处地、感同身受地理解对方的意思，并反馈给对方，促进情感共鸣和交流。

（2）有效倾听分四步。第一步，倾听前准备；第二步，发送倾听信息；第三步，采取积极倾听行动；第四步，理解对方全部信息。

俗话说"会说的不如会听的"，因为只有会听，才能学到新的东西，而说永远学不到新的东西。说是自己的，听是别人的。所以，一定要学会倾听，不能只顾自己说个痛快，而要专心听、耐心听、认真听、善于听。

（3）有效倾听注意事项。

第一，保持经常性的目光接触，真诚地表达对内容的兴趣。

第二，随时通过口头语言和肢体语言给予对方反馈。

第三，认真倾听，避免分心或者心不在焉。

第四，随时提问，能准确理解对方意思，增强互动性。

第五，适当重复听到的内容，以此来检查对内容的准确性。

第六，耐心倾听，不随意打断对方说话，更不能轻易评判。

第七，倾听中所提出的问题，迅速做出回答，以免尴尬。

第八，学会听"弦外之音"，身体语言隐含的真实意义。

第九，全神贯注于听，并能在说与听的角色之间互换。

沟通中，一味地追求极致的完美，往往会造成缺憾。

教育孩子早睡早起

人体内部有节气钟：

一年有二十四节气，一天有24小时，而一天就是一年的缩影，也是有二十四节气的。从夜晚3点开始，3点立春，4点雨水，5点惊蛰，6点春分，7点清明，8点谷雨，9点立夏，10点小满，11点芒种，12点夏至，13点小暑，14点大暑，15点立秋，16点处暑，17点白露，18点秋风，19点寒露，20点霜降，21点立冬，22点小雪，23点大雪，24点冬至，1点小寒，2点大寒。

从节气钟可以看出，清早5点惊蛰。从节气上来说，惊蛰，意味着蛰伏的动物在这个节气惊醒，睡好了，不是谁一个个地去叫醒它们的，而是自然的规律。动物们感觉到天地之间阳气的变化，所以，它们在这个时候都醒了。人是高级动物，也是如此，在这个时候都自然醒了，也遵循这个自然规律。敏感的人早晨5点左右醒来就起床，毫无疑问是有益处的。

自古以来，人人都知道"早睡早起""闻鸡起舞"，但要落实下来，的确不容易。此时此刻，作者想聊聊清晨5点左右起床的道理和好处，供大家参考。

惊蛰，蛰为冬眠的动物。惊蛰意味着蛰伏的动物在这个节气惊醒，不在冬眠了。包括狗熊、蛇、青蛙、虫虫等。

惊蛰时节，农民们也开始准备下种安苗了。

人体内部的节气钟告诉我们，每天早晨 5 点为惊蛰时分，人的阳气要生起来，必须醒了，而且醒了以后还要活动起来，一动起来，人的阳气就生起来了。不早起的人是没有劲的，不是起得越晚越精神，反而是越累、越乏、越疲倦。不早起，阳气没有生起来的人就乏力，乏力的同时人还爱发脾气，因为，阳气憋死为火气。所以，人的脾气就大，是体内的邪火"作祟"。

研究发现，长期坚持早起的人都很优秀。长期坚持早起的人，就会有下面神奇的 7 大变化。

1. 精力旺盛，不宜犯困。研究发现，每个早起的人，头脑更灵活，能够快速地投入工作状态，不易疲劳，效率高。

2. 学习成绩更突出。早起的学生生活更有规律，学习主动，按时上课，并且没有熬夜带来的瞌睡问题。

3. 处理事物更仔细负责。早起者做事按计划，行动果断，效率高，目标更明确，更关注细节。

4. 白天效率更高。早起者完成晨跑，搞定早餐。开始考虑当天活动和学习任务。而睡懒觉的人往往吃不上早餐。

5. 幸福感更强。研究发现，早起的人情绪更加积极，自我感觉更好。这可能和早起者的生活心情更好有关。

6. 抑郁风险小。早起的人做事更有条理，提前准备，很少手忙脚乱，因而性格更加开朗，不容易患抑郁症。

7. 为人更和善。研究发现，早起者为人通常友善。一个人如果连早起都做不到，你还能指望他这一天能做些什么呢？一日之计在于晨，如果连早上都抓不住，那么怎么能抓住当天呢？

早上起来，人体从代谢率最低的睡眠状态中醒来，如能适当运动，有利于改善血液循环。早上要运动，就意味着要早起，而早起的前提是要早睡。早睡早起身体好，生活有规律，本来就有利于身体健康。

清晨 5 点左右的时候，你已经醒了一下，剩下来就是你起不起床的问题了。可能前一分钟躺在床上感觉困，在为起还是不起做思想斗争；当一分钟以后，真正穿衣服起来一活动的时候，就感觉突然不困了，为什么？因为阳气生起来了。看来 5 点的时候你必须醒了，而且，醒了以后还必须活动起来，一动人的阳气就生起来了。清晨醒来的那一分钟，一咬牙就起床了，不容置疑。

早晨 5 点起床后，稍微活动一下，人马上就不困了，因为阳气随着活动生起来了。

人在早晨 5 点一天不起，就是一天内没有太阳，一年不起，就是一年内没有太阳，人体内没有太阳，就是缺少阳气，生病也就不足为奇了。如果 5 点不起床，人就躺着不动，阳气就生不起来。所以，睡不着解决的办法也是早起，当然也有人想早睡，就是睡不着，早睡不由你决定，但早起可以自己做主。

睡眠不是时间问题，只是一个时间段的问题，晚上 9 点到凌晨 3 点为天地在给人补充能量的一个时间段。若是睡觉，就赶上了；若没睡，那就赶不上。

早起就是救命，阳气生起来了，不觉得困了，心情变好了，身体也就好起来了。

早睡早起占人体健康的百分之七十，心态、饮食和调理各占百分之十，从此比例可以看出，早睡早起的重要性了。我们白天是放电，晚上睡觉是充电，充足了电，学习、工作就有劲了。

世上有很多事情的结局，往往都是在一念之间就决定了。立即行动起来，早睡早起吧！

后 记

教育最大的危险是不懂心理学的人教育人，使得孩子不能成为期待的样子。如果是懂得心理学，就能培养成为有模有样的孩子。只有做到有知有觉的心理健康教育，才能换来孩子不知不觉的行为改变。因此，《心理亮相：教育孩子应懂的心理学》是献给孩子们的最好礼物！

近些年来，我国每年都有青少年因为心理健康教育缺失的问题，缺少了支撑他们生活下去的人生价值观，同时无法排解的心理问题所以不断引发悲剧。当下不少青少年感觉非常迷茫、困惑、挫败，开始感悟人生，不想学习，内心空虚。一句话就是空心病。空心病是价值观缺失所致的精神病。幸福感不再是物质方面，而是精神层面。由感觉紧张引发抑郁，再由抑郁引发感觉紧张，恶性循环。对策：生命哲学大讨论。主题是生命是谁的？狭义地说，生命是自己的、父母的……广义地说，生命是浪漫的、社会的……完美地说，生命是法律的，生命的使用权是自己的，所有权是社会的。

开展三生三全教育讨论活动。三生即生命、生活、生存。三全即健全的人格、全部的信息、全部的智慧。

通过"办专栏、听讲座、开班会、写作文"等一系列活动，让孩子意识到生命是自己的就会珍惜生命，生命是父母的就会孝敬父母，生命是浪漫的就会热爱生活、学会生存，生命是法律的就会遵守法律。充实大脑，树立正确的人生价值观，预防空心病的发生和蔓延。